网络教学设计与软件开发应用

杨海鹏　荆于勤　张　伟　著

黄河水利出版社
·郑州·

内 容 提 要

随着互联网通信技术的迅猛发展，人们获取信息的途径日益增多，传统意义上教学已不能满足学生个性化的学习方式。网络教学已经开始影响中国高等学校教育的目标及方向，因此必须不断提升教学素养，以新型的教学模式提升教学效果。本书从网络教学设计与开发应用入手，介绍了网络课程教学有效教学策略；分析了网络教学交互活动的指标体系；详细介绍了基于 Web 的互动教学平台的设计与实现；以及网络教学平台混合教学模式的应用；最后重点介绍了翻转课堂网络教学系统的设计与开发，希望能为读者在网络教学设计与软件开发应用研究等方面提供更多的参考价值。

图书在版编目(CIP)数据

网络教学设计与软件开发应用/杨海鹏，荆于勤，张伟著.—郑州：黄河水利出版社，2020.6

ISBN 978-7-5509-2682-0

Ⅰ.①网… Ⅱ.①杨… ②荆… ③张… Ⅲ.①网络教学-教学设计 ②网络教学-应用软件-软件开发 Ⅳ.①G434

中国版本图书馆 CIP 数据核字(2020)第 090936 号

出 版 社：黄河水利出版社　　网址：www.yrcp.com

地址：河南省郑州市顺河路黄委会综合楼 14 层　邮政编码：450003

发行单位：黄河水利出版社

发行部电话：0371-66026940、66020550、66028024、66022620(传真)

E-mail：hhslcbs@126.com

承印单位：河南新华印刷集团有限公司

开本：787 mm×1 092 mm　1/16

印张：8

字数：185 千字　　印数：1—1 000

版次：2020 年 6 月第 1 版　　印次：2020 年 6 月第 1 次印刷

定价：40.00 元

前　言

网络是一本不断增长的百科全书,能够不断扩大学生的知识面。目前,网络教学已经对传统的教育思想、教育模式、教育观念产生了巨大的冲击,也是一个挑战。进入网络,学生可以畅游在知识的海洋,学到在课堂上学不到的东西。此外,网络能帮助学生迅速解决知识的难点。随着教学理念的发展,传统的教学方式已不能满足人们对快节奏社会的要求。网上购物、网上视频、网上聊天等新兴事物的发展,以及对学习新鲜事物的渴望,人们希望随时随地都可以学习知识、掌握技能。网络教学软件也就应运而生。

随着网络技术与计算机技术的飞速发展,数字化教学媒体在日常教学中的应用越来越频繁,由于其生动、形象与互动性强,也越来越受到师生的欢迎。但目前许多的数字化教学都是基于教师个体的,一般都是基于某一个教师的某一门课中的某些章节,系统性不是很强,且由于其设计、使用和保管都是由教师自己完成,限于教师计算机水平的参差不齐,造成了所使用的数字媒体的制作水平有高有低,同时,由于各种保管上的不慎,经常会造成资源的丢失和损坏。因此,构建统一的网络教学平台意义凸显,教师的需求与呼声也较高,特别是在目前大力倡导终身教育与开放教育的时代背景下,显得尤为重要。因此,各高校都在探索发展网络教学的新方法、新方式,试图通过网络技术的合理使用,给现代网络教育下学生的培养工作提供重要的支持,网络教学平台的作用也就显得尤为重要。本书将深入探究我国高校网络教学设计与软件开发应用现状,并结合实际项目提出改进建议,为我国的高校在线教育发展提供参考。与此同时,对网络教学设计与软件开发中的一系列问题进行了系统的剖析,并提出了部分具有建设性的建议和意见,对于高校教育发展与推进具有非常重要的现实意义和理论价值。

由于时间、作者水平有限,书中难免有疏漏之处,恳请广大读者批评指正。

作　者
2020 年 2 月

目　录

第一章　网络课程教学有效教学策略研究

第一节　网络课程有效教学相关理论及现状

随着互联网通信技术的迅猛发展,人们获取信息的途径日益增多,传统意义上的教学已不能满足学生个性化的学习方式。互联网和其他新兴技术的快速发展使在线学习在高等教育中得到了高度的重视。越来越多的新兴技术被用于教育教学中,网络课程逐渐成为高等教育的主流。网络教学已经开始影响中国高等学校教育的目标及方向,因此,作为互联网时代的高校教师必须不断提升数字化素养,以新型的教学模式提升教学效果。互联网提供了一个活跃的学习环境,改变了教育的方式。许多高等教育机构将网络课程与传统课程相结合,旨在努力提高教学的有效性。网络课程已经成为在线学习最常使用的路径,但它的发展不是一蹴而就的,它是依靠互联网通信技术、现代教育技术的推进而不断壮大起来的。

一、网络课程有效教学核心概念的界定及辨析

(一)网络课程有效教学核心概念的界定

1. 网络课程的概念界定

对于网络课程的定义有很多种说法,如《现代远程教育资源建设技术规范》认为:网络课程是通过网络表现的某门学科的教学内容及实施的教学活动的总和,它包括两个组成部分:按一定的教学目标、教学策略组织起来的教学内容和网络教学支撑环境。在我国比较受到大家认可的是我国著名的教育技术学专家何克抗教授在《现代教育技术和优质网络课程的设计与开发》一文中,在总结了国内外众多相关的各种观点的基础上,从课程论的角度,提出有关课程和网络课程的定义。何克抗教授指出:网络课程是指在先进的教育思想、教学理论与学习理论指导下的基于 Web 的课程。其学习过程具有共享性、交互性、开放性、自主性和协作性等基本特征。

相关研究报告指出:一门课程至少有 80% 的课程内容要通过在线传递,才能够称之为在线课程(网络课程)。面对面教学的课程有 0 ~ 29% 的内容通过在线传递;这种类型包括传统课程和网络辅助课程。此外,课程形式还有 30% ~ 80% 的课程内容通过在线传递的混合式教学。目前,国内认可度较高的网络课程分类是由郭文革根据德国学者托马斯 · 赫尔斯曼提出的 ICT 框架和教育传播四要素模型,建立出的互联网教育传播模型。按照互联网传播模型,托马斯 · 赫尔斯曼将网络课程分为主要提供教学资源,很少涉及教学交互的 I 类网络课程;注重师生/生生交互,作为"交流工具"的 C 类网络课程以及将教学资源与教学交互相结合的 I + C 类网络课程。

综上所述,网络课程指的是教师通过互联网有规划地、系统地进行课程内容传递的课

程，侧重与 I + C 类网络课程的教学。本书研究中的高校指的是国内普通高等院校，其网络课程是面对面课堂的补充和延伸，网络传递课程内容的比例并没有具体要求。

2. 有效教学的概念界定

对于有效教学，我们可以从两个层次来理解：一个层次是从投入产出的观点，有效教学就是在一定的教学投入内带来最好的教学效果的教学；有效教学是教师遵循教学活动的客观规律，以尽可能少的时间、精力和物力投入，取得尽可能多的教学效果，从而实现特定的教学目标，满足社会和个人的教育价值需求。另一个层次是从学生学习与发展的角度出发，即能够产生有效学习的教学。简单地说，有效教学指教师通过教学过程的合规律性，成功引起、维持和促进学生的学习，达到了预期教学结果，即表现出"有效果、有效率、有效益、有吸引力"。网络课程与传统课堂教学的区别在于教学内容大部分甚至全部内容通过网络在线的方式传递给学生。因此，网络课程有效教学指的是教师通过网络将大部分教学的内容规律性传递给学习者，成功引起、维持和促进学生的学习，取得良好的学习效果。

网络课程有效教学就是在网络课程有效教学的实施中，通过网络教师有效的教授和学生有效的学习以及有效的教学交流和互动，实现网络课程的预期教学目标，进而促进网络学习的学生的学习进步和能力明显发展的有效实践活动。

3. 教学策略的概念界定

教学策略的概念首先出现于美国。在 20 世纪 60 年代，美国宣布以布鲁纳为代表的结构主义课程改革实验失败后，美国的课程改革出现了暂时的真空期，相应地，人们对教育的重视程度日益加大，并出现了若干个教育改革浪潮。进入 21 世纪，教育改革的特点也发生了改变，从以往的宏观改革发展成为微观领域的学校内部整体改革，从零散的改革方案发展成为系统的结构重建。在这个过程中，有人发现教师的教学策略直接影响教学效果。首先提出教学策略概念的是史密斯。1976 年，他提出了以经验为基础的两种教学策略，即内容限制性策略和非内容限制性策略。前者注重师生与教学内容的关系，后者则强调师生之间的关系。其中，最具有代表性的概念是由加涅提出的，加涅认为教学策略是教育者和教学设计者为设计和促进学习而用到的工具与技术。教学策略并不只是将学习内容简单地呈现给学习者，而要根据学习者的心智状态设计有针对性的活动来指导学习者智力加工的过程。每个人都有不同的学习方式和学习风格，教师或者教学设计人员就必须设计一些能够适合不同学习方式的活动，选择那些能最有效地完成特定学习目标的教学策略，以便能够为每位学生提供最佳的学习环境，从而达到最优的学习效果。在传统课堂有限的教学时间内，大部分的教学策略主要针对于教师，通过设计教师的教学方式来促进学生的学习。例如，在传统课堂中，教师对加强与学生的互动，教师的语言、教学节奏适中等方面。

对于网络课程而言，由于互联网与信息技术的发展，通常在传统课堂情境中实施的许多教学策略可成功地适应于网络学习方法。例如，传统教学中小组讨论可以在互联网环境下完成，而且时间和地点不固定，从而达到"有效率"的学习。学生也可以通过异步或同步的方式与教师进行互动，快速而便捷的得到教师的反馈。随着技术的发展，许多要使用实际场景、实际设备才能完成的实验练习，现在可以用实验模拟来完成，降低了教学成本的投入，达到“有效益”的教学。使用网络教学视频，教师还可以让学生反复的听取教学内容，不断的巩固，从而达到“有效果”的教学。网络课程的多媒体形式多样，视频、动画、音频等多媒体的加入能够激发学生兴趣，进而达到“有吸引力”的教学。因此，针对不同的教学对象和教学内容选择适当的教学策略、教学媒体和传输的方式，才能够实现策略最有效的运用。

（二）网络课程与传统课程的区别

实质上，网络课程与传统课程的比较是网络教育与传统教育的比较。传统教育经过长期的实践，它已经发展成为一种可行的、成熟的教育机制，但任何事物都具有两面性，它在教学方法、教学组织、教学资源等方面还存在一定的局限性。而网络教育教学空间、时间的无限制性，教学资源的全球化、媒体化，教学组织形式的多样性等优势能够满足学生个性化学习与合作学习的需求，培养学生的创新性思维。

无论是《教育信息化十年发展规划（2011—2020 年）》，还是《教育信息化“十三五”规划》都提出中国教育信息化的发展目标是要促进学生的个性化发展、全面发展，培养创新型人才。要培养创新型人才，如果还是像传统教育“一刀切”的方法必定是不可行的。因此，随着互联网技术的发展，越来越多的人开始思考如何利用互联网思维来弥补传统教育的不足，改善传统的教学模式。但是现阶段我国的在线教育只是简单的把传统教育移植到互联网上，只达到了“教育互联网化”，而没有达到“互联网化教育”。要达到“互联网化教育”就必须结合教育的本质，采用与传统教育思维大相径庭的“互联网教育思维”，才能够打破原有教育、技术“两张皮”的形式，从而实现在线教育的跨越式发展。

二、网络课程有效教学相关理论分析

作为教育信息化发展的重要产物之一，网络课程是数字化时代进行学习的重要方式。互联网时代的教师需要在互联网教育思维的引导下，结合有效教学理论，才能够实现网络课程的有效教学，促进学生的个性化发展。网络课程有效教学，不仅仅只有网络的教学活动，也不是传统教学与网络教学的简单相加，而是指运用信息技术手段，把互联网教育思维和有效教学理论融入一个全新的教育教学活动中去的教学。

关于有效教学的界定，国内外学术界尚未形成统一的看法，但总结起来主要分为两类界定方式：一类是从教学投入与教学产出的关系来界定有效教学，即以尽可能少的教学投入（有效率、有效益）取得尽可能多的教学效果（有效果），实现教学目标，满足教学需求；另一类是从学生的学习效果为出发点来界定有效教学，即能够促进学生有效学习、快乐学习（有吸引力）、主动学习的教学就应称之为有效教学。总的来说，有效教学就是有效率、有效果、有效益、有吸引力的教学。在传统教学中，因时间、空间的限制使得有效教学很难得到实现，而互联网的发展使得时间、空间得以延伸，使网络课程有效教学成为可能。

互联网教育思维强调“学生中心”，有助于发展学生的自我认知，发展新型的师生关系，但忽视了教师在教学过程中的地位和作用，甚至忽略了课程内容对学生的教育性。“以教师为中心”，则强调教师的权威作用，教学的内容、目标和任务，学生的活动等都由教师制定，极大的忽略了学生的自我意识和情感。因此，我们必须将二者结合起来，取二者之长补二者之短，才能够使有效教学成为现实。因此，本书在有效教学理论的指导下，结合网络课程教学的特点，将“以学生为中心”的“非指导性教学”理论与“以教师为中心”的“有意义接受学习”理论相结合，不仅追求智力的优异性、学问的卓越性，也要追求学生的人格成长，才能够培养学生的全面发展。

网络课程有效教学还可以借鉴卡尔·罗杰斯的“非指导性”教学理论，该理论提出在教学中要“以人为中心”，教师要给学生提供学习的氛围，间接性的进行指导，而不是将知识直接灌输给学生。“非指导性”教学注重学生个性的发展，学生的学习过程是“发现问题—解决问题”的过程，学习的结果不是学到了什么具体知识，而是学会怎么学习。“非指导性”教学理论着眼于人的发展，以人为本，建立安全舒适的学习氛围，促进学生在学习中获得快乐，提倡学习自由，强调学生自我评价的重要性，促进学生的个性化发展。有意义接受学习是“传递—接受”的过程，教师直接呈现将精心挑选、安排过的学习材料呈现给学生，通过新知识与学生原有知识之间的同化来进行学习，这样有助于固有知识的传承，更能够使学生高效的掌握基础知识以及先进的科学和技术，有助于学生了解当代科技发展的前沿。学生在学习过程中需要教师提供材料并加以引导，因此，教师为了确保学生获得有效的帮助，就必须不断提高自己的知识量和教学技能。因此从本质上说，有意义接受学习还是一种以“教师为中心”的教学模式，还是传统教育观念的范围。

综上所述，网络课程有效教学想要适应互联网时代的特点，实现教学效果的不断提高，需要在有意义接受学习理论的基础上，不断借鉴非指导性教学的优势，将“教师为中心”和“学生为中心”有机结合，形成“学生为主体，教师为主导”的新型教学模式。因此在网络课程教学中，教师也必须将两种理论相结合，充分发挥两种理论各自的优势，建立“主导—主体”的新型教学模式，促进教师角色的转变，激发学生自主学习的动力；再充分利用互联网优势，实现“教育互联网化”到“互联网化教育”的转变，才能够通过网络课程教学培养德智体美劳全面发展的创新型人才，达到真正意义上的有效教学。

三、网络课程教学的发展现状及问题

根据互联网教育研究院统计分析，从 2013 年开始，越来越多的企业和机构开始投入在线教育行业，2014 年中国在线教育从业企业的数量达到了 2500 家，随着“互联网 +”的兴起，数量还在不断上升中。这些企业和机构主要致力于网络教学平台、网络教学资源和信息化教学工具的设计与开发，旨在利用信息化手段不断提升学校教学和学生自主学习的效果。其中，百度、网易、腾讯、阿里巴巴等互联网巨头也相继加入了在线教育行业中，这些巨头将是在线教育未来发展的巨大推动力。由此可见，互联网技术的发展为网络教学的发展提供了有效的实施环境。《教育信息化十年发展规划(2011—2020 年)》《教育信息化“十三五”规划》等政策的颁布，“现代远程教育工程”“精品课程”“新世纪网络课程”“中国大学视频公开课”以及本科教学评估等举措的实施加快了普通高校开展网络教学的步伐。国家政策和资金的大量投入，为高校网络教学提供了软、硬件等基础设施，为网络课程的教学提供了技术支持。现今高校大学生从小就生活在网络的“海洋”里，能够熟练的使用计算机进行各种活动。作为“数字土著”的当代大学生对互联网以及信息技术有独特的喜爱，喜欢通过计算机、移动设备等获取信息，为网络教学的开展提供了条件。

（一）我国网络课程教学的发展现状

自 20 世纪 90 年代以来，我国的网络课程教学发生了巨大的变化。到目前为止我国网络课程在某些方面的发展已经较有起色。

1. 网络课程建设规模庞大、课程资源丰富

1998 年，教育部正式将清华大学、浙江大学、湖南大学、北京邮电大学作为网络远程教育首批试点的高校，自此我国开始了真正意义上的网络教育，网络课程也随之诞生。在之后的十年，高校网络教育的规模不断壮大。到 2010 年，国内已经有 68 所教育部正式批准的现代远程教育试点学校。2003 年，教育部《关于启动高等学校教学质量与教学改革精品课程建设工作的通知》以及 2005 年《关于进一步加强高等学校本科教学工作的若干意见》的下发，推动了我国高校精品网络课程的建设，涌现出一大批国家级的精品课程。就目前教育部批准的 68 所可以开展网络教育的大学网络学院来看，目前每年大概可以招入 40 万人左右，每年产生的市场规模将近 60 亿元人民币。2014 年，国务院下放高校学历网络教育的审批权，中国高校均可以开展在线学历教育，打破了原有 68 所网校笼络在线教育市场的局面。中国在线教育将会迎来新一轮的发展，我国目前已经拥有相当丰富的网络课程资源，在未来的在线教育中网络资源的数量和质量都将不断提升。2018 年 12 月 3 日，全球领先的新经济行业数据挖掘和分析机构 iiMedia Research（艾媒咨询）权威发布《2018 中国在线教育行业白皮书》。iiMedia Research（艾媒咨询）数据显示，预计 2020 年中国在线教育用户规模将达 2.96 亿人。在线教育的突出优势在于灵活便捷、资源丰富，并且结合 AI、VR、AR 等技术满足用户个性化、多元化的需求，弥补了传统线下教育存在的不足和缺陷。84.9% 的在线教育用户认可线上线下结合的教育模式。艾媒咨询分析师认为，人工智能技术的发展将推动个性化在线教育普及。随着在线教育用户的规模不断扩大，在线教育市场需求大幅增长，师资匮乏等问题也逐渐暴露。同时，在线教育投资热潮还在继续中，国家政策对在线教育市场的监管也在不断完善，在线教育行业将不断发展与成熟，优质师资的供应不足将制约在线教育企业发展。未来，在线教育将回归教育本质，竞争的焦点将转向上游供应端优质师资的抢夺。

2. 网络课程评价机制完善、课程资源质量不断提升

2002 年，教育部教育信息化技术标准委员会颁布了《网络课程评价规范》，评价规范从课程内容、教学设计、界面设计和技术四个方面对网络课程资源的内容和功能特性进行评价。《网络课程评价规范》的评价对象主要是课程资源内容的规范性和功能，而没有具体规定网络课程在实际教学中的应用方式和应用效果，即主要是针对网络课程的建设进行评价。2009 年，国家制定了国家精品课程评审指标，该指标主要包括课程设置、教学内容、教学方法与手段、教学队伍、实践条件、教学效果以及特色及政策支持等方面。精品课程评审指标已经不单纯对网络课程的建设进行评价，更对网络课程的实际教学效果进行评价，提升了网络课程的应用效果。美国国防部制定的 SCORM 标准、在线学习认证标准（E-Learning Certification Standards）、虚拟学习环境的教学评价框架（AFramework for Pedagogical Evaluation of Virtual Learning Environment）等国外网络教学评价标准也为国内网络课程教学评价提供了参考。在众多网络课程教学评价标准的指导下，我国的网络教学资源的质量得到了跨越式的发展。目前，信息技术、互联网等的发展、国家教育信息化的大

量投入以及学生对于网络的独特兴趣都为高校网络课程教学的有效实施提供了保障。学校、教师只要充分利用这些资源,再结合有效教学理论进行网络教学,就能够使得网络课程有效教学成为可能。

(二)我国网络课程教学中存在的问题

从网络课程教学的发展现状可以看出,我国网络课程建设规模的不断扩大,使得网络教学资源数量不断增多,资源形式不断丰富。网络课程评价机制的不断完善为了网络课程的建设提供了依据,也不断提升了网络教学资源的质量。但我国网络课程教学中仍然存在着问题,这些问题在一定程度上影响了网络课程的应用效果。

1. 缺乏师生沟通

大多数学生认为网络课程可以通过网络课下进行自主学习,不需要占用课堂时间,可以提高学习的效率。教师和同学可以通过网络随时随地进行课程学习问题的交流,节省了面对面讨论所花费的时间和空间的限制,一定程度上也可以提升学习的效率。再者,网络教学平台中丰富的教学资源、科学的课程导航等也节省了学生学习的时间。但由于学生自主学习能力不足,教师反馈不及时或教师对上传的资源没有进行整理,课程导航混乱等导致学生付出了大量的学习时间和学习精力,但最终学生的学习代价并没有完全转化为学习效果,学习效率并没有明显提升。高校网络课程教学交互的顺畅性是提升网络课程学习效率的关键性因素。教学交互是一种发生在教学主体之间的交流,它主要包含学生与教学内容之间的交流、师生之间的交互、学生与其他学习者之间的交互以及学生自身的交互(学生自我的反思),有时还包括教师与教学内容的交互(教学设计)。目前,高校网络课程教学情况来看,以学生为主的教学交互类型主要以学生与教学内容的交互、学生与教师之间的交互以及学生之间的交互为主。要想了解当前网络课程中的交互现状如何,就应该对三类交互活动的现状进行分析。

(1)学生与教学内容交互存在的问题。网络教学中,学生与教学内容的交互是学生获得教学的主要方式。部分高校应本科教学评估的需要,学校相关部门强制性要求许多教师进行网络教学,但是只是对各个系部所建课程数进行要求,并没有关注课程内容与质量,造成少量的网络课程只是书本内容的复述,内容呈现形式单一,缺乏课程内容的深层次设计。学生与教学内容的交互还包括学生与教学资源的交互,大多数网络课程提供的资源没有经过筛选和管理,与教学内容关联性不大,容易造成学生花费大量无效时间,影响了学生学习的效率。在学习中,学生没有感受到学习的乐趣,却有了更多的学习负担,这样的网络教学设计只是把“教育互联网化”,而没有做到“互联网化的教育”。

(2)学生与教师交互存在的问题。在高校网络课程中,师生的交互活动主要体现在学生提交作业,教师进行作业反馈,师生在电子公告栏、学习论坛以及电子邮件进行异步交流,利用在 QQ 群、线聊天室、微信群进行同步讨论。在与网络学习学生交流时,大多数学生指出“与教师交流的内容基本是教学内容或与学科知识相关的知识,教师很少关注我们学习心态的变化,他也不会主动进行交流,我感觉像是在与机器对话,久而久之就不想学了。”网络高校教师除了进行网络课程教学,可能还涉及课堂教学,教学任务量较大,教师对学生的提问和反馈不及时,或者是反馈的内容较为简单,学生不容易理解。

(3)学生之间交互存在的问题。大部分网络课程提供了在线聊天室或者论坛、讨论区等集体交流工具，用于学生之间的交流，但私人交流工具很少，学生无法进行个别化交流。大部分网络学习的学生只参与教师主持的集体交流，很少私下进行集体讨论、小组讨论和个别化讨论。造成学习者之间交流较少的原因很多，归纳总结后主要有以下几点：①学习者之间没有面对面的机会，难以彼此信任；②课程中没有提供个别化交流工具，必须提供个人的社交软件信息才能进行交流，容易造成个人信息的泄露；③教师很少提供小组合作的机会。"互联网教育思维"认为在线学习应该是群体行为，是不孤独的。但目前网络课程教学中缺少交互，这导致学生学习成为个体行为，学生长时间处于孤立状态，缺乏与人沟通的能力，这也是大家不认同网络教学的根本原因之一。

2. 教学评价机制不健全

教学评价是教学的重要环节，大部分网络课程主要以考试和测验的方式对学生进行终结性评价，以检查学生最后的学习掌握情况。高校网络课程中会设置一定的形成性评价，通过学生在学习过程中的表现给予一定的分数，而诊断性评价则较少，主要在教学开始之前用于了解学生原有的知识结构，判断学生是否具备先有的知识储备。高校网络课程的学习评价主体主要为教师和其他学习者。通过对各大高校开展的网络课程进行调查后发现，在学生数量较少的班级中，教师会直接对学生的学习进行评价，而对于学生数量较为庞大的课程，则会通过学生互评的方式进行学习评价。学生互评的形式不仅大大减少了教师的工作量，也使得学习者之间相互借鉴、学习。但由于学生互评机制不完善，学习者的主观意识也很可能造成评价结果存在偏颇。通过调查发现很多高校引入了大量的网络课程，却没有在线教师进行指导，为了便于确定学生成绩也经常采取测试的方式进行评价，通过设置客观题，系统自动将评价结果进行量化分析，给出最终评价结果。这样的评价方式表面上是公平的，但实际上却只是将"为考试而学习"的观念扣上了互联网的帽子，本质上还是传统教学思维。

3. 教学资源的质量有待提高

随着教育信息化的不断推进，一大批教育网站、网校和教育资源库正在影响着学生获取知识的途径。但是，大部分的网站和资源库往往只注意资源的数量，而忽略了资源的质量；只注重资源库的建设，而忽略了资源库对于学生学习的真正价值；只关注资源的大量收集，而忽略了按照知识建构的规律去管理这些资源。在对各高校网络教学资源建设情况进行了解时，许多学生提出所在学校网络教学资源较为丰富，但是资源大部分是教师通过日常获取之后觉得值得学生学习便上传至资源库的，并没有指出资源使用的方法及时间。在学习时，杂乱的资源不仅没有提高学生学习效果，反而导致学生"迷航"。大量资源的存储方式忽略了知识建构的规律，导致资源的利用率和使用效果得不到提升；资源的制作和收集时，也只停留在"有无"的阶段，而没有真正体现出资源对于学生学习的真正价值。

4. 教学设计能力存在不足

随着互联网技术的发展，越来越多的人开始思考如何利用互联网思维来弥补传统教育的不足，改善传统的教学模式。但是现阶段我国的在线教育只是简单的把传统教育移植到互联网上去，只是达到了"教育互联网化"。许多教师由于对网络教学的认识存在偏颇，而网络教学设计能力不足等原因，导致许多网络课程知识将"纸质教材"变成了"电子教材”,将“传统课堂”生搬硬套成“网络课程”。网络教学仍存在教育、技术“两张皮”的形式,形成此种局面的主要原因是教师仍然用传统教育思维来思考网络教学,只是“新壶装旧酒”,其本质并没有发生十分显著的改变。

5. 对网络教学支持力度不足

教师是网络教学实施的主体,也是学生学习的引导者和帮助者。网络教学的效果必然与网络教师对网络课程的态度、网络教学水平的高低有直接的联系。随着国家教育信息化的推广,大部分高校教师对网络教学的认识是比较客观、全面的,对网络教学也是认可的。但是很多教师却没有或不愿意开展网络教学,其主要的原因有以下几点:一是学校没有相关政策支持,教师网络教学的投入并不受学校的认可;二是网络教学难度大,需要投入大量的时间和精力,但教学效果和教学投入并不一定成正比;三是缺乏网络教学方法、技能,无法吸引学生等。根据梁林梅教授对南京高校教师对网络教学的认可度的调查发现,影响教师网络教学参与度的最主要的原因是学校对于网络教学的注重程度不足,对网络教学大都采取(口头/文件)提倡但不强制,且为教师提供的政策/支持/培训非常有限,导致教师在网络教学的时间和精力(工作量)投入方面表现出明显的不一致性。

大部分高校主要的网络教学管理任务主要由课堂教学管理人员兼职完成,并没有设置专门的网络课程教学管理部门。网络教学组织管理与课堂教学组织管理存在一定程度的差异性,教学管理人员必须采用新的方法对网络课程和教学进行管理。但我国高校教学管理人员大多没有经过网络课程管理方面的培训,只一味关注网络课程的数量,而不关注网络课程中教学资源和教学功能等方面。因缺乏管理,教师只是建立了课程,但是课程资源不足或者资源建设不符合知识建构规律,造成学生在课程中花费大量学习时间,却不能够获得相应价值的知识。综合我国网络课程的教学现状,我们可以发现大部分高校的网络课程并没有达到“有效果、有效率、有效益、有吸引力”的“有效”阶段,仍停留在“低效”的层次。

第二节　提升网络课程有效性的教学策略之教学准备及教学实施

随着互联网的发展,越来越多的学校响应信息化教学的号召,开始开设网络课程。但由于高校教师数目庞大,并非所有的教师都能够快速从传统教学转为网络教学。特别是一些教龄高的教师或非计算机专业教师,他们的专业知识非常扎实,传统课堂教学效果也非常好,但是对于网络教学的了解是非常少的。这时,如果有一套网络课程有效教学的策略体系提供给他们,他们能够先以全面的网络教学思维进行教学,熟悉了整个网络课程教学之后,再根据自己的个人喜好、专业特点、教学对象等进行改进,才有可能达到真正的有效教学。建立高校网络课程有效教学策略体系的目的在于通过理论分析,筛选出影响网络课程有效教学的关键要素;给教师提供网络课程有效教学的思路,引导教师全面考虑网络课程有效教学问题,给教师的发展提供服务。在运用策略的同时,高校教师能够潜移默化的引起教师教学理念、教学思维的转变,最终引导教师以“互联网教育”思维进行网络课程的建设与教学。

一、网络教学有效教学准备——环境创生策略

教学准备是教学得以发生的首要条件，在网络课程教学准备阶段，教师需要根据教学目标、教学对象、网络课程教学的特性选择和组织教学材料，进行教学设计，进而激发学生的学习动机。教学准备阶段的目的就是为教学的顺利实施和学习的有效发生提供环境保障。因此，我们可以用环境创生策略来概括网络课程教学准备阶段的教学策略。环境创生策略是以情境认知理论、分布式认知理论、活动理论、生态心理学、社会共享认知理论等作为基本的理论支撑，整合行为主义、信息加工理论和建构主义理论等教学心理学等理论取向，构建一个由远程多媒体技术支持的有目的的网络化的教学与学习环境。环境创生策略的核心包括任务、情境、资源和技术四个方面，再结合网络课程教学的特性将教学准备阶段划分为以下几个方面。

（一）网络教学目标的确定

教学目标的确定是创设教学环境的主要任务，它主要包括教学的确定、设计以及陈述。

1. 网络教学目标的制定

教学目标一般来源于学科专家的建议、对社会生活的研究、学习者自身的需求，但由于获取学习者的需求，需要大量的时间和精力，因此大部分教学目标以学科专家制定的课程为主。高校网络课程教学对象主要分为学校固定班级学生和自主选课学生，教学目标一般由任课教师根据实际教学条件进行制定。为了体现非指导性教学策略“以学生为主体”的宗旨，高校网络课程教学目标应该根据学习者的特征以及需求进行确定。因此在进行教学之前，我们应该从以下两个方面着手：一方面必须对学习者的年龄特征、初始水平以及网络学习能力和计算机操作技能等进行调查和分析。网络课程教学对象分析因充分利用网络大数据的特点，可以问卷调查、初始水平测验等方式获取初步数据，再通过作业、任务完成情况，访谈等方式获得详细数据；另一方面，不同的学习者有不同的学习需求。在网络课程中设置一个“目标与期望”板块，让学生可以发布自己的目标和期望，便于教师制定教学目标时兼顾到不同学习者的需求。

2. 网络教学目标的设计要求

教学目标必须要与学习者的现实生活世界具有相关性，尽可能地设计能够解决现实问题的目标，便于学习者进行知识迁移。教学目标的设计要符合以下条件：一是必须是跨学科领域的，将各领域知识进行有机整合；二是应该是可以实现但又需要花费一定研究时间；三是要求学习者个人独立思考还应该提供学习者协作学习的机会。网络教学的目的之一是提升学生的信息素养和信息技术运用的能力，因此网络教学目标的设计，必须牢牢抓住网络的特点，将目标的达成与信息技术充分结合。

3. 教学目标的维度

在教学开始之前，教师应该详细阐述教学目标，让学生了解要进行怎样的学习，学习后能够掌握什么知识和技能，明确应该要具备什么样的初始能力，付出多大努力才可以达到目标要求。根据学习目标的不同维度，它具体可以分为三个维度：一是总体方面，课程学习目标；二是小组方面，小组学习与研究目标；三是个人方面，个人学习与发展目标。陈

述教学目标的方式多种多样，最常使用的是“ABCD”法。但是许多学者提出运用提问的方式编写教学目标效果会优于平铺直叙的表达方法，因此可以运用提问方式编写教学目标。而且尽量将教学目标设计为可以衡量学习进步的指标，教学目标的表达要以学生学习的客观结果来表达，行为动词必须是具体的而不能是抽象的。

（二）网络教学情境的营造

1. 创设舒适、安全的教学氛围

在教学开始之初，大部分的新入学的学生观看教师的网络直播讲座或者是简单的课程视频介绍，视频介绍包含课程大纲，课程的学习方法等，还可以给予学生一些教学的承诺。例如，教师将积极参与讨论，及时回答学生问题等，给予学生心理安全感。

2. 合理的网络教学内容组织

教学的组织是环境创生策略的重要工作。奥苏贝尔的有意义接受学习理论认为，学习者在进行学习时必须满足内部条件和外部条件，有意义学习才能够发生。内部条件指的是学习者头脑中存在能够吸收新知识的认知结构，再者学习者对新的教学内容具有学习的“欲望”。外部条件指的是新的教学内容本身应该对学习者具有潜在的意义，即学习者能够从新知识中得到“好处”。因此，要促使学生进行有意义的学习，新的教学材料本身必须具有逻辑意义，满足教学的需求；通过对教学内容的合理组织使之与学习者原有的认知建立起联系，便于学生进行知识的同化；将内容组织得具有吸引力，激发学生的学习兴趣，保持学习的积极性。因此，我们应该从以下两方面合理的对网络教学内容进行组织：

一方面，以概念图作为概要，呈现超文本组织方式的关键节点。奥苏贝尔的有意义接受学习理论认为在教学之前必须为学习者提供先行组织者，将新的学习内容与旧知识相联系，概念图展现了知识的结构，帮助学生在脑中清晰地建立新旧知识间的联系，从而加强对知识的识记和理解。因此使用概念图呈现超文本的关键节点，一方面可以呈现知识之间的联系，便于学生根据自身学习的特点，选择合适的路径进行学习；另一方面可以作为网络课程导航。

另一方面，逐级细化概念图的关键节点，形成超文本的网络链型结构。概念图只呈现知识的总体结构，必须通过逐步细化每一个关键节点深入或扩展教学内容。每一次细化都使得教学信息逐渐地细致、具体，通过逐级细化，建立各个知识点的层级关系。每一级的细化都为超文本关键节点增加一个链，多级细化会逐步形成超文本的网络链型结构，将各个知识点进行有效的连接。对于关键节点的细化不单单是呈现相关的概念，还可以呈现与该节点相关的情景案例，实例等，辅助学习者理解关键点的相关知识。通过将各个知识点进行逐层细化，构建超文本网络课程教学内容的有向层次网络。

（三）教学资源的支持

资源既是网络课程有效教学得以实现的关键要素之一，也是环境创生策略的重要元素之一。在网络教学中，教学资源主要包括：物质资源、人力资源、信息资源三大方面。物质资源指的是支持网络教学的各种硬件设备，如计算机设备、网络设备、通信设备等。人力资源包括网络教学中任课教师、教辅人员、教学管理者以及能够通过互联网等现代通信工具联系到的各个领域的专家学者。信息资源指的是经过数字化处理，可以在网络环境下运行的多媒体信息材料。随着国家教育信息化的投入,当前大部分高校以及学生都具备参与网络课程学习的硬件条件,因此物质资源的提供不做过多的分析。在网络课程学习过程中,因缺乏教师和学习同伴的陪伴和督促,学习者容易在学习过程中迷航。为了防止这样的情况产生,高校教师必须提供包括各种资源的、环境的、活动的、情感的和管理等全方位的支持服务。支持服务的主要目的是通过各种途径有效的指导、帮助学生,从而促进学生的自主学习和全面发展,提高学习效果。完善的支持服务必须包含资源、人员和设施等支持服务元素。首先课前提供相关技术手册。例如,课程服务获取办法、录音操作、手机拍摄、视频、作业上传等。网络课程的学习者信息技术能力有所差别,技术操作难度尽量简单易行。支持服务在课程的任意环节都会涉及,因此要明确学生服务的课程运营负责人,尽量能够及时帮助学习者解决遇到的技术问题。

网络课程教学开始之前教师必须对网络教学方法、在线学习文化建立,在线支持规则等进行学习。如果课程由一个团队进行教学,则选择在线教学方法熟练的教师进行教学,能够在正常时间(尽可能 24 小时)提供服务的教师作为在线支持人员。在各司其职的基础上,教师们也要进行沟通交流,在线支持人员将教学方面的问题反馈给在线教师,在线教师对技术的要求也要告知支持人员,相互沟通,促进课堂的高效运行。

(四)网络技术的支撑

技术是网络课程教学环境创生策略的又一个重要元素。互联网通信技术和信息技术的发展给网络教学带来了新的养分,进而促使网络课程有效教学成为现实。技术在创生有效教学环境方面发挥着重要作用:一是通过图片、动画、视频等方式使得教学内容更加的生动形象;二是通过使用录像、演示、模拟等将真实世界的问题带入教学课堂,让学习者参与复杂的直观性学习和模拟型学习;三是扩大了学生获取信息的途径;四是使得本地乃至全球的教师、学生、管理者、家长等形成一个学习共同体,扩大了知识的传递;五是使得学习、交流不受时间、空间的限制。因此技术的支撑能够创建出满意的教学环境,使得学生通过实践学习知识,通过学习共同体得到知识的传递,通过不断的反馈提升知识的理解并建构新的知识。对于非计算机专业的教师来说,开发技术具有一定的难度,只需要用好当前的技术便能够很好的促进有效教学。

1. 运用移动 App 监控学生的学习情况

目前,较为流行的信息化教学辅助平台主要包含两类:一类主要特点是能够对学生的学习轨迹进行记录,帮助教师时刻了解学生的学习情况,能够有针对性的进行教学,提高教学的效率。这类平台主要以雨课堂、课堂派和蓝墨云班课等为代表。课堂派是一款集在线考勤、记录学生表现、作业统计、课件共享、成绩汇总,课程讨论等服务为一体的高校在线课堂管理平台。目前有 268 所高校共 163 个不同学科的教师在课堂派中管理课堂与资料。通过云存储资料,教师可以随时上传课程资料,同时又提供多重加密处理,有效的保护了用户的知识产权。具有相似功能的教学平台还有雨课堂、蓝墨云班课等,这些平台都可以在移动端和 PC 端进行使用,进而充分地利用移动互联网的优势;另一类是凭借各种常用社交软件实时交互,良好的音视频能力等特点开发的以教学交互,实时讲授为主要功能的平台。这类平台主要以 QQ 群课堂、百度传课、微信公众平台、网易云课堂和腾讯课堂等为代表。其中 QQ 群课堂是通过 QQ 群实现在线授课,共享课程资源,在线交流等功能。教师可以分享课件、电脑桌面、视频给学生,还可以进行面对面的交流。百度传课是集直播与点播为一体的在线课程平台。最大的特点是可以进行 PC 端与手机端的同步,随时随地进行测验、笔记和答疑。手机即时直播,给予学生快速的答疑,还提供互动画板,形象模拟一对一辅导形式,极大丰富了课程教学方式,吸引学生积极参与。这些平台功能相似,却也有各自的特色,教师可以根据自身需要和学生的方便有针对性地选择。

2. 通过信息化教学软件提高网络教学资源的多样性

要想顺利的开展网络课程的教学,除了根据自身特点选择适合的教学平台,还必须保证课程内容的良好呈现,即要呈现优质的教学资源。教学资源获取的方式有两种:一种是通过教师自己设计、制作教学所学的资源;另一种是教师可以通过"筛选"和"裁剪"已有的数字化资源和纸质教材等,来形成一门课程的"教学资源"。实际上,这两种教学资源的获取方式都需要数字化教学软件的辅助。就网络课程教学所需的资源特性来说,主要是包含文字、图片、音视频等多媒体形式,因此教师必须掌握与之对应的信息化教学软件的使用方法。

3. 建立网络教学平台的功能进行有效的教学组织管理

网络教学平台是网络课程教学的前提和基础保障,教学平台的功能全面与否直接影响网络课程教学的全面开展。网络课程界面的友好性,是吸引学习者参与课程的关键要素。网络教学平台至少要包含以下内容:一是课程设计与开发功能(便于教师进行教学课件、视频的设计、制作);二是资源发布功能(便于教师、学生上传、下载相关教学资源);三是师生交互功能[提供师生进行同步(如聊天室)或异步(如 E-mail、论坛)交流];四是任务发布与答疑功能(教师发布任务、作业并提供及时的反馈答疑);五是在线测试和系统评价功能(进行在线知识检测,并提供过程性评价结果);六是课程管理、支持服务功能(便于教师、学生进行注册登记、选课,并可请求进行技术支持服务)等。课程界面应简洁、大方,符合学生的认知。

随着手机和 4G(目前 5G 尚未全面普及)网络的大众化,自带设备(BYOD)已经逐渐成为学习不可或缺的部分,越来越多的人通过自带设备按照自己的步调进行学习。而相关调查发现学生利用手机进行学习时,网络教学系统却不能够准确记录成绩,导致只有 20% 的学生会偶尔使用手机进行学习,大大降低了学习的效率。因此,网络教学平台设计必须考虑移动学习的需求,不仅要能够支持手机进行课程的学习,还要能够收发课程的邮件、消息等。

二、网络教学有效教学实施——交互作用策略

网络教学因师生之间时空分离的特性,教师、学生、教学内容三者之间的交互作用是以互联网为中介的间接互动,因此网络教学的交互模式与传统课堂教学存在极大的差异。互联网的发展使得网络教学中教师学生之间时空分离,交互作用成为网络教学的主要环节,很大程度上决定了网络教学的效果。于是交互作用策略可以概括网络教学实施策略,交互作用策略的核心教学变量包括三方面,即学习共同体、学习动机和师生互动。

(一)建立网络学习共同体

学习共同体是交互作用策略的一个关键性教学变量。传统课堂教学主要通过"传

授—接受”的方式来进行知识的传授。而在互联网广泛普及的今天,网络教学资源越来越丰富,学生获取知识的途径多种多样,强交互特性也使“参与实践”成为可能。在网络课程中,学生获取知识的途径不仅仅局限于教师讲授,更多的来源于参与学习的人群,即学习共同体。这里我们所讨论的学习共同体是对人类美好精神家园的追求,而绝不仅仅是简单地对以地域或血缘为连接纽带的原始的共同体的复归。在当代社会人们对共同体的不断追求中,以学习为目的和纽带的学习共同体所强调的共同愿景、共同的习惯和习俗、共同的生活过程、互相依赖达成目标、平等的合作与交往、个人的归属感与主体感等特征渐渐明晰。

1. 合理分组

为了促进学习共同体的形成,教师首先要根据学习者的不同能力,将学习者进行互补式的分组,实现互动效果的最大化。学习者性别、年龄、学术专业的不同,学习风格、偏好、学习能力也会存在差异。相关研究表明,女性学生在只有女性的小组中能够获得更多的满意度,而且女性学生更偏向于面对面交流,但是女性学生不喜欢提问,更不喜欢主导讨论和做决定。因此在分组时男女比例尽量均衡,男女互补。学术专业一致时,年龄、性别对学习风格偏好的影响不大。有学者研究发现,人文科学的学生比自然科学的学生更积极的与学生互动和协作,也更加注重教师给予的反馈。而自然科学的学生更加喜欢独立解决问题,逻辑思维更强。因此教师应该观察和了解不同小组的学习能力范围,以及学习方式,针对不同小组设置不同的交流策略和不同的任务。

在网络课程学习中,很多学习者可能因教师的权威、教师的时间等原因,不敢或不能及时从教师那里获取到帮助,进而导致问题不断累加,最终无法达到学习目标。基于此,教师可以利用学生之间沟通的无障碍性,安排学习同伴担任在线“辅导员”,帮助学习者完成任务。根据任务完成的程度,选择优先完成任务和作业优秀的同学在线帮助学习有困难的同学。这样的做法即可以提供学生担任“老师”的机会,让学生体会担任“教师”的乐趣,从而更加认真的完成任务,也可以鼓励学生之间的互帮互助。在线学习“辅导员”也可以根据某一个任务完成情况,形成各个任务的“辅导员”组。学习有困难的同学可以根据困难点选择不同的“辅导员”进行辅导,这样做一方面可以将难点各个击破,另一方面也可以提高学生之间的交互,促进知识的内化。教师还可以邀请往届的学生担任“辅导员”,给不同的小组安排往届的学生作为导师,辅助学生完成项目或任务、作业等。

2. 有效运用知识论坛和学习“朋友圈”

在信息时代,学生之间要形成自己的“朋友圈”,圈子里的人就是自己的学习同伴。通过上传个人的作业或学习中遇到的问题,学生之间相互交流学习,学生的阅读量随着交流的增多而越来越大。如果各个学校的教师联合起来开展同一门课程,就能够使信息和知识在一个班级,一所学校甚至多个学校之间流动。这样的新兴教学方式使得学生在学习过程中的学习同伴是不断变化的,学习的内容也将是不断增长更新的。此外,教师还可以引导学生在知识论坛上形成学习共同体,通过在知识论坛上的互动交流来,获取知识。在知识论坛中,认知工具可以帮助学生形成系统的学习评价,交流的内容更加深入,交流的范围更加广阔。线上的交互与课堂上面对面的交流以及科学观察实验相互补充,互相促进,提高学生的学习能力。

Eunice Tang 曾提出判定在线学习社区(OLC)是否有效的两个主要因素:一个是社区成员积极主动地交流(分享);另一个是积极参与论坛帖子的评论。很多在线学习者表示,新信息是通过论坛成员的分享和成员之间的交流来获取的,这些新信息最终将被转化为知识。论坛中无贡献者的增多造成了参与分享兴趣的低下,如果学习者自己没有给其他人反馈,其他人也没有评论自己的分享,那么论坛资源就被浪费了。因此,我们应该给予论坛上乐于分享的学习者一定的奖励,激发学习者分享的兴趣。

对第一个给出答案、提出新问题,设置论坛新帖的、积极参与讨论的学习者给予相应的鼓励学分,并影响最终的总评成绩。也可以将评论的比重增加为 30% ~40%,分享的水平(参与)将会增加。部分在线学习者还指出,当知道教师会阅读自己的分享时,学习者会更加乐于分享自己的意见。因此,教师团队应该时刻关注学习者在论坛中的分享和评论,并适当发表自己的意见与看法,使学生感受到教师的存在。教师可以通过设置每个评论的"点赞"按钮,每周对精彩的评论给予一定的奖励积分,并加之一定的学分。

(二)激发并保持学习动机

学习动机是交互作用策略的另外一个核心教学变量。学习动机与学习活动、学习效果以及学习的积极性之间可以相互激发、相互强化。在学习过程中,学习动机一旦激发,能够有效的激发学习者的积极性,学习者的积极性越高,学习效果也越好,学习效果越好就能够有效的维持学习动机。如此循环往复,整个学习过程将会变得十分有趣,从而提高学习的效果。因此,如何激发和维持学习动机已经成为有效教学研究的重点。在网络课程中,学习动机指的是通过一定的策略激发学习者产生学习行为,完成网络学习目标,并且贯穿于网络学习全过程中的心理状态或者过程。

1. 多种媒体技术相组合

心理学研究表明,学习者的注意力与学习材料的性质及表现方式有关。因此在使用多媒体呈现教学内容时,教师要注意形式的变化,将图片、文字、视频、动画的形式有机结合。教师还可采用一些学生熟悉且喜欢的方式呈现教学内容,如动画、游戏等。通过设置有趣且与学习者生活相关的题目,教师可以极大地激发学习者的兴趣。

2. 学习路线的多样性

不同的学习者可能有很多不同的学习需求,有的可想通过考试,只为通过练习、测试提升知识和技能;有的人是想通过课程平台,认识更多具有同样爱好和背景的人,通过共同完成一些项目来提高个人的知识与技能;也有的人只想在社区或论坛中发表意见,在和别人交流和分享的过程中获取知识。在传统教学中,教师很难满足不同学习者的学习需求,而网络课程却可以通过设置多条学习路径来呈现不同的教学内容,从而达成不同的教学目标。

3. 提供学习动力测试模块

在学习过程中,学习者的学习动机可能会因为各种原因逐渐减弱,因此要保持学习动机的持续,就要适时给予一定的刺激。例如,通过设置动力测试模块,教师可以适时地对学生进行学习动力测试。如果学习者回答学习动力充足,则给予一定的赞扬,鼓励学习者继续学习;如果学习动力不足,则给予一定的激发动机的策略。学习动力测试可以让学习者不断反思,不断认识自我。在桑新民教授的《网络课程与学习评价》课程中,他就充分运用了"动力加油站"。对于学习动力不足的学习者,提供给学习者动力缺乏原因的相关测试题，根据学生的回答，给予一定的帮助措施；甚至可以在网络平台中设置“动力加油站”模块，学生可以在学习倦怠时进入寻找“能量源”。桑新民教授课程中的“动力加油站”中增加了相应的解决措施，例如对于课程难度太大而导致兴趣低下的学习者，给予一些基础课程资源进行学习后，再进入课程学习。由于学习目标不明确而缺乏学习动力的，可以呈现其他同学的目标和计划以供其参考。

（三）增加师生深度互动

网络教学对师生互动模式产生了极大的影响，多媒体技术使得教师和学习者交互的信息形式（如文字、图像、视频、音频等）变得多种多样。互联网可以通过同步交流保证师生之间交互作用的同时性，公告栏、论坛等可以构筑一个学习共同体进行相关的交互作用。互联网环境建立的虚拟环境使得学习者能够经历传统课堂不能经历的实践（如海底探险、空中侦察，房屋建立等），从而掌握那些本来难以掌握的技能。这些功能使得师生交互作用的方式、深度和意义都得到了扩展。师生互动的主要教学变量可以具体化为有效教学行为、能力倾向于教学处理的交互作用和教师自我效能感提升。

1. 合理选择、体现教学内容

通过大量的研究，鲍里奇发现促进有效教学产生的教学行为主要有十种，其中教学清晰明了、多样化、以任务为导向、引导学生积极参与学习过程和确保学生成功是关键行为，而充分利用学生的价值观念和思想、精心组织课程、恰当的提问、开展探究和传递教师的影响为五种辅助行为。教师只有将这十种教学行为有效结合起来才能够更好的促进有效教学的产生。而这些教学行为并不是天然就能够导致有效教学的产生，每一种教学行为都需要学生积极参与到学习中来，并且教师在教学过程中不断进行调整才能够适应学生在不同情况下的要求。因此，每一种教学行为和教学效果要达到预期的效果，都必须依靠学习者和教师进行双向的交流互动。于是这些有效的教学行为也就成为师生交互作用的基本行为和方法了。

在网络课程教学中，在教学实施阶段，师生互动主要通过教学内容呈现和学习过程的激励两方面表现出来。教学视频是教学内容呈现的主要方式，因此教师讲解的声音必须要清晰，语言要简单生动。教学视频的录制方式必须有别于传统课堂教学方式，教师要充分考虑网络学习的特点，设计和制作有效的教学视频。网络课程的教学资料不需要完全依靠教师自身来制作，教师可以通过“筛选”和“裁剪”（已有的）数字化资源和纸质教材等，来形成一门课程的“教学资料”。

2. 教师积极主动参与教学过程

在教学中，除学生与教学内容之间的交互外，还包含师生之间的交互。网络教学中师生之间的交互程度很大程度上影响了教学的效果，因此教师必须积极参与教学过程，在交互过程中教师能够有效的引导学生将知识进行同化，并不断吸取新的知识。在网络教学中，师生交互是通过互联网通信技术进行的，这种交往的有效性取决于教师自身的特征，特别是教师自我效能感的高低。这就意味着网络课程教师除了必须具备优秀的个性品质、积极热情的教学态度以及娴熟的教学技能等，还必须了解和掌握新型的教育技术，并能够将技术整合于教学当中，有效的利用互联网组织学生开展自主学习，合作探究的学习活动，并能够从教学中体验到自身的价值和教学的乐趣。

第三节 网络课程教学评价和教学组织管理

一、网络课程教学评价和教学组织管理的重要性

目前,以计算机多媒体和国际互联网络为代表的当代信息和通信技术正在以惊人的速度改变着人类的生存方式和学习方式,并导致发达国家和地区的教育越来越走向虚拟化、网络化、国际化和个性化。网络教育已经成为一种发展速度更快、传播空间更大的新型教育形式,它与课堂教育、广播教育、电视教育一同构成多元的教育体系。从世界范围来看,无论是发达国家还是发展中国家,网络教育已经成为各国竞相发展的教育形式。众所周知,网络教育的基本载体是网络课程。但是,目前许多网络课程在开发制作过程中忽视了网络课程教学评价的设计与教学组织管理。因此,我们应该较为系统地开展网络课程教学评价设计的理论研究与实践探索,以期从教学评价设计方面促进网络课程质量的提高。此外,教学管理首先和主要靠的是组织方式,其次才是制度本身。教学组织中的目标实现是教学管理的根本工作;教学组织中的责任感既是管理环境中的核心元素,也是管理者主要建设的内容;教学组织中的再组织是保障教学质量稳定提升的重要手段。因此,我们对于网络课程教学评价和教学组织管理的分析与研究是十分重要的。

二、网络课程的有效教学评价——绩效支持策略

在教学实施之后,就进入到教学评价阶段。教学评价阶段的主要任务是通过收集相关教学信息了解学习者的学习情况和鉴别学习成绩,为学习者的进一步学习和发展提供充足的反馈信息。信息收集、成绩鉴定和结果反馈都是以教学目标为根据,将学习者的学习过程和学习结果与教学目标和学习目标进行比较,以此来确定学习者达到的优良等级。教学评价的过程是对学习者的学习绩效和教师的教学绩效进行考量,所以我们可以把教学评价阶段的教学策略归结为绩效支持策略。绩效支持策略不仅仅局限于结果的评价,更关注学习者学习过程的表现和进步,主张多元化的评价主体、生态化的评价内容、多样化的评价方法。

(一)多元化的评价主体

在传统课堂教学中,教学评价的工作大部分是由教师来完成的,这是一种一元化的评价主体。但随着教学改革的不断深入,一元化的评价主体逐渐被多元化的评价主体所取代。互联网技术突破了空间和时间的限制,将学习者、教师、相关专家、社会人士甚至是家长都纳入评价的主体,充分发挥了学习共同体的作用。因此,网络教学的评价在遵照传统教学多元化评价主体的基础上,必须结合网络教学的特点,充分发挥网络教学的优势。

1. 自我评价策略

自我评价指学习者通过反思学习内容、学习过程和学习结构进行深刻的自我剖析,对自身表现作出的评价。在网络教学的评价过程中,评价主体对自我的评价主要可以采取以下策略:

(1)利用反思日记,进行自我评价。反思日记是对学习者学习过程的自我评价,包括

学习态度、学习任务完成度等方面。它主要是通过学生自我反思,发现自己在学习中的不足与优点,自己最清楚自己是否真正投入学习。反思日记是学生自我进行的,因此为了确保学生认真对待,可以在课程开始之前增加“课程承诺书”的书写。在每一次邮件提示任务时将“课程承诺书”呈现其中,激发学生的责任意识。反思日记的形式很多,可以记录自己学习后的所思所想,学习收获,学习目标等。在反思日记中也可以加入目标列表,成果记录,不足与期望等。通过设置每一天的目标,学习完成后形成“我完成了……我学会了……”的成果记录和不足与期望(自我鼓励)。

(2)利用一分钟报告进行自我检测。一分钟报告(疑难点列表、清晰点列表)主要用于学习课程后检测学生对内容的掌握程度。教师对于学生的疑难点进行再一次的辅导,确保学习者能够高效率、高效果的学习课程。如果大部分同学的疑难点列表中都呈现了同一内容,说明大部分的学习者都没有掌握该内容,这是教师就应该采取集中讲解或提供补充材料以供学习者再次学习。一分钟报告可以与“学生在线辅导员”一起进行。同样的问题,有疑难问题的学习者可以与已经掌握知识点的学习者形成“在线辅导”关系。在网络教学中,学生通过自我评价,可以了解自身的问题之后,可以及时的获取到来自教师或者学习同伴的帮助,从而及时地调整学习方式。

在网络课程中,教师还可以通过设置大量的课堂练习、课后任务、单元测试等,便于学生进行知识的自检。当学习者任务完成优秀时,教师可以通过文字、视频、动画、语音等多种方式给予鼓励;当任务回答错误时也同样给予鼓励,并提供正确答案以供学习者参考。对于任务回答错误的同学,提供查看答案、答案提示和观看相关教学视频等错误解决方案。查看答案即直接呈现答案;答案提示会显示提示信息,一步步地帮学习者找到问题的正确答案;观看相关教学视频,提升了视频学习的针对性,提升视频的成效。

2. 教师评价策略

教师是网络课程教学的直接参与者,也是学习活动的组织者、督导者和辅导者,对学习活动和学习本身的意义理解更深刻、更全面,对学生学习活动进程与学生表现的评价更具专业性,对教学评价具有不可替代的作用。作为教学评价的主体,教师要保证评价结果的准确性、公平性,就必须真实的参与到课程的整个教学过程中。在网络教学中,教师可以通过大数据观察和分析学生学习的情况以及学生参与各种学习活动的感受与体验,对学生进行小阶段性的评价。小阶段性的评价有助于发现学生学习中的小问题,及时有效的进行指导和改进,确保学生能够很好的掌握教学内容。

3. 学习同伴评价策略

学习同伴评价,一方面从任务互评体现;另一方面可以根据小组讨论中,发布小组之间互评表进行同伴之间的评价。在网络课程中,为了避免学生数量较多,评分标准不统一,学习者知识能力有限,恶意评价等带来的评价偏差,我们可以选取以下的方法来缩短学生互评的误差:①对学生评估者进行前期培训。目前很多学习者由于知识积累不足,可能还不完全具备对他人作品进行准确有效评价的能力。因此,在开始互评之前,教师要对学生评估者进行评估规则、评估方法的培训,甚至可以选取一定的作业进行正式评估之前的练习,练习结果达到一定水平方可以进入真正的互评环节。②提供样本作业,供学生评估者进行参照。在进行互评环节时,除了分发给学生需要评估的作业,教师还需要发送一两份样本作业，供学生参考。样本作业是被教师和多名学习者评价过的，具有准确的分数。③互评过程与个人成绩挂钩，杜绝恶意评价。教师应该对于恶意评价的学习者给予一定的惩罚，引起学习者的重视，减少恶意评价的产生。在对评价结果数据进行处理时，教师可以采取平均、去掉最高、最低分等形式，降低恶意评价对于评价结果的影响。④将评价结果进行公布，允许被评价者进行"申诉"。被评价者如果对于评价结果不满意，其可以将自己的理由写出来申请二次评价。⑤根据评分结果将所有同学的作品进行排序公布，供学习者查缺补漏。作品结果公布一方面可以使所有的作品接受大家的监控，有效减少抄袭的现象；另一方面学习者可以观摩高分的作业，认识到自己知识的漏洞与思维的盲区，不断提升自身的能力。

（二）生态化的评价内容

当确定了评价的主体（谁来评价）之后，我们就应该确定评价的客体，即评价什么？起初教学评价主要评价的是学生掌握课程内容的情况，但为了适应学生的个性化发展，教学评价逐渐开始关注学生的成长和发展。学生的成长和发展应该与三维教学目标紧密联系，体现在知识与技能的获得、过程的参与方法的使用和情感与价值观的养成三方面。除了这三方面的评价，网络课程教学评价还应该关注学生是否具备网络学习的意识。

1. 是否具备良好的信息素养和信息技能

为了确保网络教学的顺利开展，学习者必须具备良好的信息素养和信息技能。例如，必须能够利用搜索引擎进行信息的查找，利用电子邮件进行信息的传递，利用思维导图进行信息管理，利用公告板、论坛进行信息的发布等。与此同时，我们还必须学会使用PhotoShop、Flash、Word、PPT 等软件来呈现和美化自己的作业。

2. 是否具备良好的网络交往能力

在网络学习中，人际交往环境和实际生活中的交往环境不同，学生必须具备新的交往技巧和交往方式。例如，网络中的人际交往主要是通过文字的方式进行沟通与交流的，而文字具有一定的歧义，因此在交流过程中必须具有一定的文字功底。在网络学习中，缺少面对面的接触，因此学生之间的交流很难深入，学生怎样通过网络交流与学习同伴进行合作分享是影响教学交互效果的关键技能。因此，是否具有良好的网络交往能力也必须纳入学生的评价内容中。

3. 是否积极地参与教学活动

在网络教学中，除了必须完成教师呈现的课程内容，学生还必须积极通过电子邮件、讨论平台、会议与学生、教师、课程专家进行交互。除参加考试、测验外，还要积极完成作业或项目。在掌握知识与技能的同时，学生还必须要学会将知识运用于实际生活中，解决真实的问题。由此可见，实际上整个教学过程其实就是教师引导学生参与一系列的教学活动，学生参与教学活动的态度直接影响了教学过程的顺利进行。

（三）多样化的评价方法

随着社会的发展，在实际教学中，教师开始将质量评价与量化评价、过程性评价与结果性评价、形成性评价、诊断性评价和终结性评价等多种评价方法相结合。多种评价方法既可以有效结合全方位地对学生进行评价，也可以有效地促进学生的全面发展。在网络教学中，我们应该充分利用网络大数据的特点，了解学生的学习行为，并采用多种评价方法对学生进行评价。

1. 充分运用学生网络学习轨迹

良好的网络教学平台可以通过学生学习的先后顺序,学习时长等了解学生的学习轨迹。网络学习轨迹主要具有两个方面的作用:一方面可以了解学生的学习方向是否正确;另一方面还可以根据学生在各个教学内容的学习时间和学习次数,了解学生对于该知识掌握的难易程度。如果大部分学生在该教学内容停留的时间都较长,那么教师就必须调整知识的讲解方式或者提供附加的教学材料,辅助学生对该知识的学习。

2. 教学任务的多样化设置

网络教学平台应该提供课间练习、课后练习、单元作业、单元测试、期末考试等多种形式的任务,并且遵循"满十进一"原则,即完成通关作业后方可进入下一视频内容的学习。课间练习、课后练习、单元作业仅用于学生自检,可不计入成绩。但各个部分都必须提供详细的答案讲解,使学生获得及时反馈,并适时的通过邮件提醒作业截止日期,以免学习者错过任务。单元作业还可以设置初、中、高三种难度层次,适应各种学习能力的学生。任务的表现形式也必须多种多样,应包含各种填空、选择、简答、小论文、展示汇报、项目研究等多种题目类型,还应分为有标准答案的客观题型和没有确定答案的主观题型。

3. 善于利用电子档案袋和个人空间

档案袋和个人空间用于学习过程的记录,它们将学习者学习中的表现进行汇总。教师可以通过档案袋和个人空间信息对学习过程进行评价,加之作业完成情况,期末测试等最终汇聚成教师评价的依据。电子档案袋的信息尽量设计成可以量化衡量的数据,运用互联网数据收集的特点,减少教师的工作量与主观臆断。个人空间是学生自己进行信息分享与展示的园地,因此形式与内容是不定的,根据其他学生的进入率和点赞率来判断学生的参与度。

三、网络教学的有效教学组织管理——知识管理策略

知识管理策略的内容主要包含两个方面:一方面是强调利用高质量的信息技术,将知识按照知识建构规律进行有效的编码、传送和存储,形成教学资源库,这是知识的社会化过程;另一方面是强调利用社会网络实现知识的共享与创造,即人通过一系列的活动在实践中消化和吸收知识,进而创造新的知识,这是知识的内化过程。在传统学校教学中,有统一的教学管理部门,因此教学管理不是教学的范畴。但在网络教学中,教学管理是将各个活动进行整合,从而促进学生进行知识的内化。因此,就网络课程教学而言,知识管理策略的核心就是网络资源库管理和网络教学管理。

(一)网络教学资源(库)管理

教学资源库包括各种类型的教学资源,它不是教学资源的简单堆积,而是设计、整理过的能够更好地服务于学习的教学资源的有效存放。教学资源库管理主要是依据学习者学习的实际需要对各种教学资源进行收集、管理和利用,建立逻辑结构清晰、层次分明,便于查找,对学习有促进作用的教学资源库。在网络课程的教学中,教学资源库不仅包括课程的基本信息(教学大纲、教师队伍情况、教学计划、考核方法等),还要包含课程内容相关的学习资源(课件、教案、视频讲义、电子教材)、学生检测材料(网络题库、试卷、作业习

题）和扩展学习资料（文献资料、相关网络资源）等。心理学研究表明，学生注意力的保持与材料的形式变化有直接的关系。因此资源的内容在表现形式上要合理地运用文本、图片、音、视频、动画等多媒体形式，教师要最大限度的激发学生的学习兴趣，进而提高学习的效果。

1. 构建功能齐全的教学资源库

教学资源库的主要使用对象是学习者，使用的目的是帮助学习者进行学习，因此教学资源库的建设必须具备以下特征：①使用操作简便的工具和平台，资源能够满足不同层次的学习者的学习需要。②能够有效地进行资源的管理、检索和编辑，方便教师和学习者使用。③有高质量的教学资源，能够突出资源的专业性，能够使用便于使用的多媒体工具，保证资源的可用性。④定时更新资源，保证资源的前沿性。

2. 收集先进、丰富的教学资源

资源是网络课程中十分重要的部分，在教学开始之前应该详细地解释教学资源的目的，以及如何在学习活动中使用教学材料。课程资源中有些是与教学内容相关的，有些为扩展资源，教师应清晰地解释必需及可选资源间的区别。有效的资源应该具备多样性、先进性、可重用性等特点。资源的多样性主要体现在以下两个方面：一方面，与课程内容相关的媒体素材、网络题库、试卷、网络课件、授课录像、教学案例、常见问题解答、资源目录索引以及文献资料等；另一方面，与课程描述相关的课程负责人信息、主讲教师情况、教学队伍情况、课程自我评价、课程建设规划等信息。资源的先进性主要体现在课程包含能反映本课程或学科最新、最前沿的优质教学案例和教学成果等动态资源。教学资源符合学习者特征，满足学习者需求并具有科学性和一定的趣味性。资源的可重用性主要表现在确保教师和学生皆可重复使用，资源应具有针对性，可供学习者下载反复使用。

3. 运用知识建构规律对教学资源进行管理和利用

教学资源的管理与利用内容主要包括以下几方面：①资源管理。资源具有名称、编号、类型、学科、专业、适用对象、来源、简介、存放位置等属性。在进行资源管理时应该根据使用者的定义按照资源的类型、资源所属的学科等一种或多种方式结合对资源进行合理的规划，便于学习者使用。②资源编辑。应该提供一定的编辑权限给学习者，让学习者参与资源库的建设，按照自己的学习方法对资源进行剪辑、制作和修改。③资源组织。使用者可以方便的按照自己的学习方式，将资源组成一定的序列，并将其存储起来，便于学习者随时按照自己的进度进行学习。④资源的使用。学习者浏览资源时，应该设置快速全面的跳转按钮，便于学习者进行不同资源的浏览，并且每次浏览结束后系统应自动保存浏览进度，便于下次浏览。

（二）网络课程与教学管理策略

在传统教学中，课程与教学的管理主要由学校中的教师队伍利用口头语言和书面文案为主要交流工具，通过定期会议和非正式交流完成。学校中的教学团队成员相对稳定，团队合作时间较长，协作的效果较好。而网络课程的教学管理是由为了完成网络教学任务而暂时成立的虚拟教学团队完成的。虚拟教学团队成员之间合作时间较短，需要磨合。虚拟教学团队可能分布于不同的地理位置，需要通过互联网进行在线研讨来确定教学的任务、教学评价方法等。虚拟教学团队大部分通过互联网进行教学实施，因此为了保证教学活动的有序开展，学校一般会依托于网络教学管理系统来进行教学管理。

1. 构建功能齐全的网络教学管理系统

网络教学管理系统是实施网络教学的基础和载体，也是实现网络课程与教学管理的关键，更是面向教师、学生和教学管理者的。网络教学管理系统必须满足教学主体和教学实际的需求，对网络教学和教学管理提供良好的支撑。因此，网络教学管理系统必须具备以下功能：①课程设计与开发。该功能主要为了方便教师设计与开发网络课程。良好的网络教学管理系统应该提供设计与开发课程的模板，多媒体集成工具等，简化课程开发的过程，提高教师备课的效率。②课程管理。课程管理功能包括教学管理、资源管理、系统管理和教务管理等功能，对网络教学的顺利开展起至关重要的作用。③课程教学。课程教学功能主要包括课程内容呈现、交流协作等功能。课程教学功能的主要任务是有效地利用教学资源和信息化工具，为学生提供学习内容，并组织学生进行相关的交流与协作。

2. 依据教学需求选择典型网络教学管理平台进行教学管理

国内外通用网络教学平台主要分为开源平台和商业平台两类。开源平台以 Moodle、Sakai、Drupal 等为代表；商业平台则以 Blackboard（简称 BB）和清华教育在线（THEOL）为代表。随着 MOOC 的兴起，许多机构也开始自主研发适合 MOOC 发展的教学平台，这些机构中以 Coursera Udacity 和 edx 的平台影响力较为巨大。其他许多国家和机构也在不断研发具有各自特色的 MOOC 平台，如清华大学推出多模式的 u－MOOCs 平台，Blackboard 发布的 courseSite 平台等。目前，我国也开发出了适合我国学生的本土化 MOOC 平台，如中国大学慕课、慕课网、爱课程、学堂在线等网站都承载了中国各个大学的大量网络课程。

作为一种大规模开放在线课程平台，MOOC 具有很强的交互性，能够降低学习成本的同时提高学习效率和效果，受到学习者的青睐，有力推动了高校教学的长远发展。MOOC 平台为了适应大规模的在线学习者，将平台的功能定位为学生自主学习平台，因此 MOOC 平台的评价机制主要是机器评价与同伴互评，减少了教师的工作量。但是教师无法参与评价也使得教师对于学生的学习效果没有良好的监控，无法针对学生情况进行辅导。MOOC 将教学平台功能模块，课程界面设计等方面进行了统一的规划，限制了教师对于课程的设计和管理，教师无法根据课程本身进行个性化设计。而且 MOOC 平台没有在线交互模块，需借助社交软件等实现。因此如果选择 MOOC 平台进行教学，尽可能地针对学校学生的实际情况进行混合式教学。

Sakai、Moodle、Drupal 等开源平台因源代码和编码规则开放，支持用户的二次开发。全球所有用户都可以通过平台官网分享和交流各自的课程开发模块和插件，能够不断地完善开源平台的功能。但是开源平台的二次开发和运行维护需要较强的技术团队支持，因此一般教师可能只能够使用平台中现有的功能模块，无法针对自己课程的特点进行开发。在开源平台中 Sakai 和 Moodle 都能够通过移动终端的 App 访问，能够适应当前移动学习的迅猛发展。商业平台 BB 根据用户数量进行收费，价格较高。THEOL 进行整体收费，价格较为合理，在国内高校中使用率较高。BB 和 THEOL 相比其他平台最为突出的特点在于不仅能够跟踪学习者的学习时间、学习频率和学习进度，还能够对学生的整体学习情况进行统计。统计完成后通过 E-mail 将结果推送给学习者（BB）或以图表形式将学习进度反馈给学生(THEOL),及时提醒学生进行学习。但 BB 和 THEOL 平台自身没有交互功能,必须依赖于第三方聊天室进行交互。总之,不同网络教学管理系统具有各自的优势与特点,教师必须根据教学需求进行选择。

第二章　网络教学交互活动的指标体系

第一节　交互活动及网络教学交互

一、网络教学交互的重要性

在当前日新月异的信息技术背景下，作为现代远程教育的主要形式，网络教学交互活动的研究具有重大的理论意义和实际意义。对于愈来愈受重视的网络教学，其重要的因素是什么呢？Kearsley 认为交互活动是现代网络教育教学最重要的因素。他就交互水平和质量对网络教学课程效果的影响开展了许多研究和探索。此外，相关教学实践表明："交互活动是网络教学的灵魂和主体，直接决定整个教学的过程，直接影响整个教学的结果，对于学习者的知识和意义的建构、能力培养、兴趣激发以及正确内在学习动机的形成，都起着至关重要的作用。"陈丽通过案例研究的方法对网络教学交互活动进行了深入的研究，并且从网络教学的交互性和教学过程两个大的方面进行了指标体系的建立。Garrison指出："网络教学正在形成一股完美的风暴，这股风暴的核心就是教师和学生是如何进行交互活动的"。以上研究均充分阐明了交互活动在网络教学中的战略性地位。交互活动的优劣会严重地影响网络教学的效果，交互活动是网络教学成败的关键性变量。因此，研究网络教学交互活动是网络教学的首要任务。

不仅如此，对网络教学交互活动的研究对于改进课堂教学，提高课堂教学质量也有以下重要的启示：①交互活动还可以减轻学习者在学习过程中的孤独感，提高学习者的沟通能力；②使学习者在实践中更加轻松地掌握知识，从而可以灵活地适应各种特定的学习环境，掌握更全面的知识与经验和专业能力；③交互活动还能够较好的培养学生的自主学习能力，激发学生的学习积极性使学习者能够积极主动地去建构新信息和新知识。因此，在进行网络教学时，教师与学生、学生与学生、学生与学习资源之间合理有效充分地进行互动能够提高学习效果。

二、相关概念界定

（一）交互活动的概念界定

交互活动（Interaction）是一种十分普遍的行为。从哲学角度出发，马克思主义认为：人的本质是各种社会关系的总和。作为人的一种基本活动，教育活动在本质上也是一种社会活动，其最基本的形式是交互。因此，从交互活动的本质去认识教学活动，才能使我们从本质上去理解交互活动。交互活动在《最新牛津现代高级英汉双解词典》中被阐述为"相互作用、相互影响的活动。在《教育大辞典》中"交互活动"被定义为，"一个因素各个水平之间反应量的差异随其他因素的影响而发生变化的现象"。在《中国大百科全书杜会学》中"交互活动"界定为,"交互活动首先是一个过程,一个由自我交互、人机交互和社会交互三个阶段组成的过程"。

从交互活动的本质定义看教学中的交互活动。国内外对于"教学交互"含义的相关阐述和定义多种多样,其中比较典型的定义包括以下三种观点:①交互活动是教学系统与学习者之间,其中包括相关信息交换在内的、动态的、实时的、相互的信息提取过程;②交互活动是两个或多个个体为解释和挑战观点而进行的持续的双向通信;③交互活动是两个或多个个体在学习环境中为完成学习任务或建立社会关系而进行的双向通信。

上述的三种定义都是描述性定义,第一种的定义很好地解释了交互过程的特征,第二种的定义着重说明交互活动的目的性,第三种的定义强调交互行为的社会性意义。它们的共同点都强调两个或多个个体以及双向的通信。结合文献,本书将交互活动定义为:"交互活动是学生与学习环境之间相互交流和相互作用,从而促进学生发展的活动。"

(二)网络教学的概念界定

由于将计算机网络运用在教育教学中,从而进行教育教学活动这一举措还发展时间不长,因此直到现在仍然没有形成一个统一的、公认的概念。在国外,网络教学的名称是:Web-based education Online-education 或 E-learning 等等。在国内,我们经常提及的网络教学、网络教育、网络学习、电子化学习、在线学习等名词都是指网络形式下的教育或者教学或者学习。我国的交互专家范海燕、胡勇将"网络教学"定义为"在网络环境下,以现代教育思想和学习理论为指导,充分发挥网络的各种教育功能和丰富的网络教育资源优势,向教育者和学习者提供一种网络教和学的环境,用数字化技术传递内容,开展以学习者为中心的非面授教育活动。由该定义我们可以看出,网络教学是一种教学活动,它的基本构成要素是学生、教师、因特网和网络课程。网络教学的形式多种多样,本书探讨的是以普通大学为依托开展的网络学院中的网络教学。

(三)网络教学交互的概念界定

根据交互专家陈丽对"教学交互"的界定,同时结合"网络教学"的界定,我们可以将网络教学交互定义为:"网络教学交互是指在网络教学环境中,教师与学生、学生与学生利用计算机网络交互方式传递数字化信息、进行教学交互的活动,以达到提高学习效果的目的的活动。"

网络教学交互活动是信息双向传递的过程,它是一个实体(其中实体可以是学习者、教师、计算机系统及其他一切可以接收和发送信息的事物)到另一个实体的传播循环。交互活动完成的标志是传播循环闭合。通常情况下我们将接收到反馈作为交互活动完成的标志。在大多数的教学交互中,教师必须使学生自己认识到信息循环已经完成,而不是由教师来进行假设。这给了我们一点启示,就是无论采用同步交互还是异步交互,都应当保证即时的反馈。

网络教学交互活动有两种产出,即内容学习和情感激发。内容学习是学习者对其意义结构进行接收、调整和重组的过程;情感激发是通过对交互对象和网络教学环境的满意程度而引发的学习动机和情感态度的变化。从这个角度考虑,网络教学交互活动在理论上应当比传统教学交互具有更加良好的教学效果。

三、网络教学交互的发展历程

网络教学始于19世纪中叶的函授教育,历经20世纪的录音、电话、广播、电视等多种媒体教学时代,现已经踏上以通信技术、微电子技术和计算机技术等迅猛发展的数字化时代的征程。加里森、尼拍和贝茨根据时代背景下教育教学的迫切需要首先提出并发展了三代信息技术和三代远程教育理论。因此,作为第三代远程教育的主要形式,网络教学也越来越普及,同时也越来越受重视。

(一)以印刷为媒介为主的第一代远程教育

第一代远程教育主要是以印刷媒体为主,施教者通过向学习者邮递学习资料、教材等来传递教学资源,学习者主要是通过自学的方式进行学习。在这种情况下,学生遇到难题和疑问时无法与老师和学生进行即时的沟通交流,仅仅局限于同学习资料的交互,学习者只能通过查阅文献和书籍进行自我思考和知识的构建,只能与学习材料进行交互活动。

(二)以录音广播电视为媒介为主的第二代远程教育

第二代远程教育主要是以录音、广播、电视、电话等多媒体为主,学习者不仅可以通过文本交互,还可以通过录音进行语音交流,甚至通过视频来远程即时交换信息建构知识,有些还能通过电话的方式沟通与交流。交互方式的丰富,教师与学生、学生与学生交流沟通的频繁从很大程度上提高了网络教学质量和效果。在第一和第二代远程教育中,学生以“独立学习”为主。20世纪50年代美国学者魏德迈用“独立学习”这个概念来描述当时的远程教育,强调学生学习的自主性和独立性,表达了学生与教师和教学材料交互的单一性,该“独立自主学习理论”奠定了远程教育的理论基础。随后穆尔(Moore)再次强调了在第二代远程教育中,交互活动是决定其教学效果优劣的关键因素。

(三)以数字化为媒介为主的第三代远程教育

以数字化媒体为主的第三代远程教育运用了计算机网络对学习者提供了更广泛更多样的交互模式。在第一第二代远程教育的基础上,第三代远程教育还开拓了更多的实时与非实时交互。利用电子白板、E-mail、BBS电子公告板等形式提高了师生之间、学生之间的互动率,同时也加强了学习者与学习材料的交互。远程教育者利用愈来愈发达的信息技术开发了更多更优的具有交互功能的多媒体。在这一时期,国外的远程教育专家和交互专家们将研究重点放在探索交互活动的规律以及建立交互的评价指标体系。对于这方面的研究,我国在20世纪80年代末已经有少数研究机构率先开展。例如,北京师范大学远程教育中心在1988年首次进行网络教学交互系统的开发和应用,以及利用交互提高学习效果的策略。随后我国正式进入第三代远程教育的时代。

四、网络交互教学与传统教学(面授教学)的主要差异性

网络交互教学作为一种新型的、特殊的、非常规的教学形式,它与传统面授教学的区别主要表现在以下七大方面,即思想基础、教学媒介、师生关系、教学的时间和空间、教师控制力、教育功能以及学生的选择权力。

(一)思想基础

农业社会、工业社会的思想奠定了传统教学的思想基础。行为主义心理学、认知主义

心理学等流派奠定了心理学的理论基础,人们一度将工具理性、权威主义作为绝对的标准。这种思维模式是比较僵化的、单一的、缺乏人性的,同时也不利于学生个性的发展。作为第三代远程教育的主要形式,网络交互教学是信息社会的衍生品,建构主义学习论和后福特主义哲学奠定了其思想基础,它注重教学的弹性、多样性和人与人的交互性。

(二)教学媒介

言语、文本书籍、录音等是传统教学的主要交流媒介,它的不足是信息的单向流动,交互功能的匮乏。然而,信息的单向流动会导致教师的“满堂灌”,学生自主思考的机会减少了。网络交互教学则与之不同,它以计算机网络为媒介,而互联网拥有以前难以实现的交互功能,能够激发学生的多种感官多方面的参与互动,从而有助于学习者知识的建构,使教学效果得到明显地提高,更加有助于学习者的全面发展。

(三)师生关系

在传统教学中,教师和学生的关系是主动与被动的关系,即教师主动灌输,学生被动接收,信息关系是发送与接收的关系,这种关系是当时的现实条件和人们的思想观念造成的。而网络交互教学则不一样,它首先从人发展的视角去认识网络中的学生和教师,网络交互教学把老师和学生视为平等的个体,朋友般的关系。

(四)教学的时间和空间

传统面授教学的时间和空间要求比较严格,它规定了入学年限和课程时间。因此不能够按照学习者的实际情况安排教学,从而导致教学在一定程度上受阻,继而影响学生的学习积极性。与此同时,严格规定的时间限制也不利于教学空间地施展,因而教学只能发生在限定的物理场所之中。网络交互教学则不一样,在网络交互教学中,教学时间不是固定的,教师和学生都可以根据自身情况自主选择教学的时间,因而学习者在把握教学节奏上有一定的选择权,可以按照自己的能力和认知水平以及时间安排来参与学习,极大的提高教师与学生双方的积极性和动力以及新鲜感。因此,网络交互教学的学习场所是没有围墙的,是以人为本的,是开放自由的。

(五)教师控制力

随着时代的发展,人们的观念发生巨大的变化,教育思想也随之改变,传统面授教学中教师的控制权力被逐渐削弱,但是学生服从教师的命令依然作为教学的要求,在教学过程中教师依然有着绝对的控制地位。而网络交互教学则不一样,在网络交互教学之中,教师的权威控制力被大大削弱了。教师和学生关系平等,已经不是传统意义上的灌输知识的教书匠和接受知识的学习者关系,更多的是一种平等的同伴、朋友的关系。师生自由交互,不断创新。

(六)教育功能

在教育功能方面,传统面授教学过分强调社会的中心地位,从而忽略了个体的中心地位。然而,网络交互教学则与之不同,由于互联网独特的流动性优势而产生更广泛更全面的功能,主要表现在网络交互教学与社会、经济及个人的关系上。网络的开放性使得人人具有获得教学资源的权利,从而解决了教学资源供应和学习者需求之间的矛盾,有助于实现教育的民主化普及化和大众化,最终使国民素质发展更加均衡和全面。

（七）学生的选择权利

在传统面授教学中，学生的选择权利极为有限：无法选择教师，无法选择师生关系、课程内容，学生无法选择教师教授的方法等。总之，传统面授教学之中的学生缺乏选择的权利，更进一步的是，学生尤其无法选择所学的知识和技能，无法选择教学的时间。而网络交互教学则不同，它将以上提及的选择权利交还给了学生，打破教育时间、空间的限制，学生可以自由选择课程、选择老师等。

五、网络交互教学的交互关键问题

（一）网络交互教学的交互要素

现阶段，国内外对于高校网络交互教学的相关研究主要包括交互的定义、交互的功能、交互的要素等方面。重中之重是对交互要素的探索和分析，其中包括网络交互教学的交互活动有哪些要素构成；各要素之间的交互活动情况；各要素之间不同的交互模式；各要素的实证研究等。研究水平从对交互的定性研究到定量研究；研究人员也在变化，从单一的技术专家发展为多学科专家合作。

穆尔依据网络交互教学的构成要素定义了交互的概念，他把交互分为三类：学习者与教学资源之间的交互；学习者与教师之间的交互；学习者与同伴学习者之间的交互。后来，Mcisaac 和 Gunawardena 同样在交互要素的基础上参照 Moore 的定义上加上了第四种交互：学习者和教学媒介的交互。徐皓从教育传播学的角度研究了远程教育和交互活动的关系。在对交互活动分类的研究基础之上，提出了交互要素与交互机制、传播互动设计与科学有效的交互活动实施策略。

James Taylor 实证研究了网络交互教学的几大要素之间的交互活动情况。他在南昆士兰大学利用一门课程为例，研究学生与教师、学生与学习材料以及学生与学生的交互活动。相关研究结果显示，在所有的交互之中，师生之间、学生之间的交互占其中的 75%，学生与学习材料之间的交互占据剩下的 25%。

陈丽通过个案研究，重点分析了网络交互教学中各个要素交互性的模型，并且举办了用交互媒体进行教学工作的研究生课程进修班，选择了在南京的教育技术专业的大学生进行实验。该进修班使用北京师范大学的远程教学系统，通过实验观察法、问卷调查法、访谈分析法等方法收集所需的实验数据并分析和探索。最终授课效果得到了良好的反馈，并且参照学习者的反馈改进和完善了网络交互教学。陈丽的研究建立了网络交互教学理论的概念体系，此概念体系以“教学交互”为核心，构造了网络交互教学活动的理论框架。这一专题重点分析了网络交互教学中各个要素交互性的模型，同时还涉及了教学交互的本质及相关概念的内涵，网络交互教学的交互活动基本原理等。在实践的基础上研究了网络交互教学中交互要素间的相互影响相互促进，它的意义在于把教学交互理论科学化系统化，提出了一个较完善的交互活动理论模型，为之后的实验研究提供了大量的参考依据。

赵翠芳在《基于网络的远程学习交互活动试验研究》中阐述了网络学习过程中交互活动的情况。该论文以 Moore 关于“网络交互教学的交互活动分类”为理论依据，研究了网络交互教学模式的改革和创新，从而更好的促进教学效果。实践结果表明，在远程英语学习中使用网络来促进学习者与学习资源、学习者与学习者,以及学习者与教师之间的在线交互活动,能够有效地提高学习者的英语应用能力。

(二)网络交互教学的交互质量评价指标

国内外对于网络交互教学的交互质量评价体系的研究已经达到一个新的高度。在前人研究的基础上,越来越多的交互专家开始关注交互质量的评价体系、评价标准。我国研究交互活动的著名学者余胜全和黄荣怀相应提出了关于交互活动质量认证标准。网络交互教学的交互质量评价指标体系的研究还需要进一步地探索。只有应用科学的、系统的、可操作的量表体系,才有助于我们考察和衡量网络交互教学的交互质量,才能保障网络交互教学的设计和开发朝着正确的方向发展。

Laurillard 研究出了一种对话模型,该模型评价了教师与学习者、学习者之间以及学习者与教学环境之间使用媒体进行交互活动的状况,从优化学习效果的学习工具的交互性上考察一个网络交互教学平台的优劣。

李艺(2001)探讨了如何评价网络交互教学的交互性。作者深入研究了交互的重要性,并使用 Roblyer 等的网络交互教学交互程度评价的标准和体系,在此基础上提供了在进行教学交互时一些重要的注意点和要素,同时还提出了一些关于教师如何设计网络课程等值得我们深思的问题。这也为我们继续规范交互质量评价体系提供了参考依据。

M. Droblyerr 提出了网络平台交互水平的评价模型,通过研究网络平台交互功能,影响交互水平的各个因素,他把网络平台的交互水平分为四个维度:人际关系和谐程度,教学设计有效程度,交互水平高低程度,学习主动性强弱程度。

在对交互质量评价指标体系进行研究的过程中,有些专家和学者通过具体的案例进行交互质量的分析。其中较为典型的是陈丽关于"网上教学活动的案例式研究——对网络交互教学活动质量的分析"的论文。陈丽提出计算机信息技术为网络交互教学的发展提供了物质基础和保障,使得高质量的网上交互可能被实现。作者研究了在这样的交互环境中,使用者的实际交互水平。作者将高质量的有效的交互定义为具有实际教育意义的高水平的交互。研究依据建构主义学习理论,将某一特定网上交互案例结合塞尔曼的观点采择模式,以此来研究网络平台交互的情况。然后设计调查问卷,统计被试者的反馈的数据,分析研究影响交互水平的各个因素,最后提出提升交互活动质量的可操作性措施和方案。前人关于网络交互教学的交互评价体系的研究为我们更深入的探讨交互活动现状和提高交互质量问题以及建立更加完善的交互质量评价体系提供了参照和依据。与此同时,也为更加深入的进行交互质量的研究提出了严峻的挑战。只有充分的把握对交互要素、交互模式的各个方面的探讨,才能做到更深刻和更系统的对交互质量进行研究。因此,从不同角度提高网络课程的交互质量,拓展网络交互教学的交互质量的研究,成为网络交互教学优劣的决定性因素,关系到网络交互教学的发展与前途。

六、高校网络交互教学平台

(一)构成与分类

根据国内外已有研究显示,高校网络交互教学平台有着不同的分类。保利逊(Polysone,1996)将网络交互教学平台分成八个部分:教学大纲、课程管理、教学内容、教学任务、课程测试、信息资源、个人主页、交互性。卡恩((Khan,1997)则认为,网络交互教学平台由九个部分组成:课程内容、教学多媒体、工具、计算机、因特网和服务商、编程语言、服务器、程序。罗斯则认为网上教学平台有七部分:学生工具、协作工具、安全功能、技术测试、软件、教学界面、非技术方面。菲尔迪维克则将网络交互教学平台分为三个部分:管理、教学和学生。张伟远和王立勋在分析17种国际通用的网上教学平台后提出网上学习平台有三大功能:教学设计功能、交流和协作功能机交互功能以及教学管理功能。此分类体现了现今网络教学的最新发展,比以前的各种分类更为综合和全面,因此本书选择此分类为基础展开论述,其中第二大功能"交流和协作功能"即本书的中心词"交互活动功能"。

(二)技术支持

在20世纪,通信技术的发展日新月异,卫星通信、数字程序控制交换技术、移动通信等通信技术高速发展。到了21世纪,通信技术的发展转向全程数字、个人化、智能化的综合业务数字网技术。目前,计算机技术、网络技术的发展正在飞速地被应用到社会的各个领域,包括经济领域、政治领域、文化领域等。高校自古就是社会发展的前沿,许多新思想、新技术都在高校里产生和发展,同样通信技术的发展也深远地影响了高校。在教育进程中,通信技术、计算机技术是推动教育发展最强大的力量,从来没有任何一门技术可以超越计算机技术所做出的贡献,这些技术使得我国的教育模式和管理模式逐渐改变:一方面教育改革需要新的通信技术予以支撑;另一方面经过信息技术的飞速发展,现代的通信技术已经能够部分满足教育的要求,因此信息技术迅速地被应用在高校教育中。

目前,全球各个国家教育领域发展的一个新趋势就是将现代信息通信技术应用到高校教育和管理之中。现代信息技术从教育理念、授课方式、师生互动、管理模式等几个方面对高校产生影响。具体包括通信技术可以提供大量而全面的信息,提供实时的交互,提供生动的学习内容,突破时间和空间的限制等,因此信息技术能够改变传统的教学模式,为学习者自主学习、接受个性化教育创造条件。高校教学方式通过向多媒体化、网络化教学转变,为学习者设置身临其境的教学环境和学习方式,让学习者在实践中学习。例如,通过多媒体视频和图片设计场景,让学习者在其中担任不同的角色,身临其境地讨论社会问题、经济问题和哲学问题等。通信技术使得老师与学生可以及时地交互,形成新的师生关系:教师由原来的信息源和教学的主导变成了学生的引导者与合作者,而学生从过去的被动接受教育变成了主动学习需要的知识和技能。通信技术的发展,使得教师不再是知识的权威,教师不再垄断知识来源,从资源获得的角度来看,学生和教师的地位越来越平等。因此,以教师为中心教授知识的教学方式将转变为被在教师的引导下,学生通过信息技术主动学习。这种模式符合人本主义教学理论,重视学习者的主动性,也许能达到更好的教学效果。

综上所述,网络教学交互平台的建设是推动教育信息化、高校教学改革发展的方向,对丰富教学内容、提高教学手段、促进教学改革有深远影响。现代信息技术和高校校园网改变了教育理念和教育模式,便利了师生互动;提供丰富的信息资源,为学生主动学习提供条件,已经在很大程度上改变了高校教育。

第二节　网络教学交互要素和网络教学交互指标

21世纪,随着网络技术的高速发展,各行各业在此过程中围绕网络技术进行了深入探究与有效发展,无论是对于传统行业而言,还是基于网络技术而逐渐产生的新兴行业,网络技术都有着极高的应用程度与极广的覆盖范围。其中,以网络技术为基础和平台而进行的课程教学,已然成为教育教学的新阵地与新路径。近年来,网络教学更是得以迅速发展,其质量也受到了普遍关注,而交互质量则是能够影响甚至是决定其质量的一个重要因素。对此,我们应该结合多种研究方法,旨在探究和构建量化网络教学交互要素和网络教学交互指标体系。

一、交互要素的确定

网络教学交互要素的确定直接决定了交互模式,从而影响网络教学交互活动的开展,最终影响网络教学效果的优劣。因此,分析研究交互要素是研究网络教学交互的前提和必要条件。依据建构主义学习理论、班杜拉交互决定论,双向交流理论等其他相关教学交互理论,网络教学中交互以学习者为中心,交互主要包括学习者与教师、学习者与教学内容、学习者与学习者以及学习者与界面的交互这四种。网络教学中的四种交互并不是毫无关系的,他们彼此间相互影响、相互作用,有时甚至是一并发生的。

根据交互专家和学者对交互要素的研究,从哲学认识论出发,得出网络教学是“主体”和“客体”通过“交互支持系统”所发生的双向的互动交流,以达到知识和意义的建构。哲学认识论提出:“主体”是指能够主动引起活动的人;“客体”则是指人的认识和实践的对象,即客观世界。因此,在远程教育领域中,依据哲学认识论,我们可以自然的得出:交互“主体”则映射为网络教学中的学习者和教师,“客体”则包括课程材料、资源以及网络媒介等。一切网络教学中的交互活动都是发生在主体与主体、主体与客体之间,通过“交互支持系统”进行交互活动。具体关于交互方式有几下几种:在“交互支持系统”下,交互“主体”与“主体”之间的交互以及交互“主体”与“客体”之间的交互。因此,基于哲学认识论的角度,将交互系统分为“交互主体”“交互客体”以及“交互支持系统”。同样,依据哲学认识论在远程教育网络教学中的应用,“交互主体”是指在教学或者学习过程中能够主动引起交互活动的主体,包括学习者和教师;“交互客体”主要包括学习资源、课程大纲以及交互界面等;“交互支持系统”主要包括交互硬件以及交互软件系统。也就是本研究提到的硬支持和软支持。

(一)学习者

交互主体之间在网络教学中的交互,包含于人与人之间的交互之中,因此网络教学中的交互具有一些人与人交互的性质。建构主义是网络教学非常重要的理论基础,建构主义强调以学生为学习的主体,强调学生在主动学习中产生观念的转变和知识结构重组。建构主义学习理论建构主义思想起源于17世纪末意大利哲学家维柯,之后皮亚杰的双向建构思想对建构主义有一定重要影响。建构主义是一种哲学认识论思潮,主要回答的基本问题是“什么是知识”“知识是如何获得的”“如何与看待知识”。相对客观主义知识论，建构主义是一种主观主义知识论。在建构主义看来，“我们所知道的一切是我们所建构的”；“人的认识遵循的是‘哥白尼式倒转’的原则不是我们的概念去适应事物，而是事物适应我们的概念；真理是可变的，不可变的东西是我们无法创造的，无法创造也就无法被认识。”由此可见，建构主义特别强调“人”的作用。根据建构主义理论，学生是网络学习的主体，也是交互中重要的组成部分，因此学生自身的特性会影响网络教学交互的效果。学生的信息技术掌握程度，知识结构，认知方式，利用讨论区、聊天室等工具讨论的能力、学习态度、年龄和社会阅历、分组协作学习、解决彼此在学习中存在的问题的能力都会影响网络教学中的交互的效果。信息技术是使用网络教学平台的条件之一，如果学生没有掌握足够的信息技术，不能使用计算机和网络，就无法使用网络教学平台学习。学习者的认知结构是否与网络教学平台上的教学内容相匹配是网络教学效果的重要影响因素，只有教学内容与学生的知识结构匹配，学生才能容易接受，从而激发自主学习的热情，最后达到事半功倍的效果。学生利用讨论区、聊天室等工具讨论的能力也能影响网络教学交互的效果，BBS 是网络教学中重要的交互工具，利用 BBS 进行高效的沟通和讨论，而不是将 BBS 演变成闲聊的场所，才能达到有效的交互。此外，网络中的学习环境有许多干扰的因素，比如新奇的信息和娱乐信息等。如何帮助学习者排除这些干扰，避免注意力分散和情绪的波动，也是网络交互效果的重要因素。

（二）教师

在网络教学活动之中，与传统的教学方式相比，学生主动学习的重要性被提高了，学生在交互之中的地位也得到提升。另一方面，教师不像在传统教育之中占据着绝对的主导地位，但是在网络教育之中，依然要靠教师去设计教学内容，引导学生学习，进行必要的监督和及时对学生的需求进行反馈。教师通过设计和组织课程内容帮助学生产生观念的转变和知识结构重组；根据教学经验选择合适的交互工具去展示教学内容激发学生的兴趣从而加深记忆；通过合理的方式引导学生参与网上讨论与协作，从而提高学生的参与程度；要在课程中使用网络教学平台提供的先进技术，比如视频、游戏、课件、实验等，激发学生的兴趣，从而提高他们自主学习的积极性，对不同的特性的学生教师要提供针对性的指导；要对学生的提问及时做出反馈从而减少学生的焦虑，在学生完成测试后应该及时提供答案和解答。

（三）课程资源

课程资源是指在教学系统和学习系统所创建的学习环境中，学习者在学习过程中可以利用的一切显现的或潜隐的条件。在网络教学交互中，学生与学习资源的交互就是指学生在学习过程中使用网络平台的学习资源，更新和扩展自己的知识结构和内容的过程。学习资源的设计应该满足学生与学习资源交互的需求，达到教学目标，促进学生自由发展。良好的学习资源要满足以下特性：①内容丰富全面，包含的信息量大。高校应该针对课程内容提供合理的信息丰富的资源库；②为了满足学生的学习欲望，扩展学生的知识结构，应该提供丰富的外部资源，比如专题研究，数据库，经典案例分析等；③学习资源之间应该互相紧密联系，便于学生知识结构的形成。具体方式可以在具有共同点的知识之间建立网页间的联系，通过一个知识点可以联系到相关的其他知识点；学习资源还包括情境设计，将学习者带入具体的情景之中去解决问题，增加互动的效果。

（四）教学内容

网络教学的课程内容是交互客体中最主要的部分，网络课程内容设计合理、导航清晰、语言简洁易懂，则便于学习者进行学习和交互，提升学习质量实现学习目标。良好的课程内容具体包括以下特征：①课程内容和学习进度有清晰的导航，便于学生了解学习进度，做好时间安排；②在课程单元和模块开始的地方，针对主要概念提供学习材料，方便学生理解重要概念；③课程内容组织的语言简洁明了，便于学生理解和记忆；④针对课程中重点内容和难点内容加强解释说明，在重点内容和难点内容的部分，加入感性的材料，比如具体的事例，有助于学生理解教学内容；⑤提供标签，使用标签可以标记学习进度，在下线之后，学生再次登录网络课程时能够定位上一次学习结束的位置或者其他时间学习的位置，便于跟进学习进度；⑥提供教学内容的网上测试与练习，并且提供详细的答案和解答过程。网上测试和练习的内容要有趣味性，以提高学生学习的兴趣，激发学生主动学习。

（五）交互活动界面

交互界面是人和计算机交流的平台。随着科技进步，交互界面经历了第一代和第二代的升级，目前是第三代人机界面：即人类与计算机通过语音、表情等人类交流的方式，通过虚拟现实环境进行交流。良好的交互界面能促进交互的效果，提升交互的效率。设计良好的交互界面应具备以下特征：界面友好、操作简便、有助于其他层次的交互（学生与学生交互，学生与老师交互）。具体的要求包括以下几点：①人机界面的设计风格要统一，简单清晰，不会给学习者造成使用上的不便；②学习界面有清晰的导航，学习者可访问网络课程的每个模块；③每一个页面都有定位标志，根据网络平台的导航，学生可以确定自己目前所学的内容在课程中的位置；④网络平台的图片和文字要大小适中，颜色搭配和谐，能让学生长时间学习而不会增加眼睛的负担；⑤每个页面长度适宜，符合学生的阅读习惯，不会给阅读造成负担；⑥提供搜索功能，通过关键字可以查找到文本、页面、音频、视频等学习资源；⑦学习内容通过适当的音频、动画、图片等多种形式展现，即要激发学生学习兴趣，又不能分散学生的注意力。

（六）交互活动软件

在网络学习中，我们是通过信息交互来达到教学的目的。在网络平台上，信息交互的载体是操作交互：一是通过操作交互来实现信息交互，从而使教学得以实现，使学生达到学习目的，改变知识结构，提升必要的技能。网络平台上交互主客体之间的交互是通过各种交互活动软件来实现的；二是通过交互支持软件进行操作交互，从而实现信息的交互，最终实现学习的目的。因此选择合理的网络交互软件，可以有效提升网络交互的效果。现如今交互软件的种类非常多，各有特点。最常见的有 BBS 和个人主页、QQ、微信、E-mail 还有视频会议等。选择交互软件要考虑到交互软件的普及程度，操作的便利性以及是否提供人性化的操作。另外，交互语言的软支持也是网络交互活动软件中重要的部分。语言是网络交互的载体，语言必须真诚而正确，同时符合学生网络交互的习惯从而容易被接受，同时语言的使用也要考虑到交互主体情感和感受的需要，避免生硬晦涩。另外，网络交互软支持还包括教师的教学策略以及课程能否实现各个学习主体之间的交互。良好的教学策略可以提高学生互动的积极性，从而提高互动的效果；良好的课程设计也能够鼓励学生增加与其他学生和教师之间的交互。

（七）交互活动硬件

交互活动硬件是网络教学交互发生的物质基础，网络交互的硬支持系统包括计算机硬件以及网络通信传输系统。计算机硬件是教学资源的载体也是教学资源的输出平台和交互主体操作的平台。良好的计算机硬件有助于教学资源的储存，教学内容的展示以及学习主体对教学资源进行利用。网络通信传输系统是信息交换的基础，良好的网络通信便于数据传输，使学习者能够及时、快捷的在交互媒介上进行学习活动。如果网络性能不佳，传输速度慢甚至出现传输中断等等问题，会增加学生的焦虑情绪，增加学习者的等待时间，降低学生的学习热情。因此，在选择或建立网络交互平台的交互活动硬件时，教师应该充分考虑到计算机设备的性能和网络传输系统的性能，尽量使用高性能的计算机和网络系统，有条件的高校应尽量提高无线网络的覆盖面，使得在学校的宿舍、图书馆和自习室都能通过无线网络进入网络教学平台获得课程资源。

二、网络交互主客体模式

模式可以被理解为一种简化的、具有操作性的理论，一般它会解决“是什么”“为什么”和“怎样做”的问题，其中主要回答的是“怎样做”的问题。那对于网络教学中的交互活动而言，许多交互学者从不同的角度进行了理论性以及实践性的研究。Wagner 提出交互活动是人的行为，而交互性则是技术系统的性质（Wagner，1994）；Moore 提出，网络教学中存在三种类型的交互：学习者与学习内容的交互、学习者与教师的交互、学习者与学习者的交互；Laurillard 从认知学的角度对交互活动进行研究提出会话模型。他阐述了在学习者与教师教学过程中同时会发生两种交互模式：一种是学习者建构的环境与教师建构的环境之间的交互；另一种是学习者的知识概念与教师的知识概念之间的交互。该会话模型是国外针对网络教学交互活动质量评价体系的一个标准。

我国交互领域的专家陈丽博士对网络教学中的交互活动进行了深入的探索和研究，其主要包括理论性研究和实证性研究，为交互领域的研究提供了理论支持和数据支撑。交互体可以分为交互主体和交互客体两种，其中交互主体指在教学或学习过程中能够主动引发交互活动的交互体，包括学习者和教师；交互客体指在教学或学习过程中处于被动地位的交互体，它们不能够主动的引发交互活动，主要包括学习资源、课程内容以及交互界面等。各种交互要素之间都是有联系有影响的。例如，交互主体与主体之间的交互会影响主体与客体之间的交互，而交互主客体之间的交互也会反过来影响交互主体之间的交互。例如：学习者与教师的交互活动能够使教师认识到教学课程的内容设计中存在的缺陷，从而使教师不断地改进教学内容，也就产生了教师与教学内容之间的交互活动，进而又会促进学习者与网络课程内容之间的交互。同样存在学习者与学习者之间的交互活动，通过同伴之间的合作学习或者小组讨论等方式，不断地对网络教学网络课程的内容或者资源进行评价和更新。因此，网络教学中的各种交互活动并不是单单存在于教学内容和资源、学习者、教师等各自之间，而是通过一定的关系或者联系实现彼此相互的影响。因此清楚的理解网络教学要素之间的交互关系，彻底的掌握交互主客体模式图有助于我们对网络教学内容、资源的设计合理化，具有一定的实践意义。

三、网络教学交互指标

随着网络教育的迅速发展,网络课程的交互质量也越来越受到重视,交互对网络课程的质量起着极其重要的作用。一门网络课程在交互方面得到客观的评价,在某种程度上反映着这门网络课程的质量。如何通过有效的方法和途径来促进网络课程的交互质量?这就需要建立科学合理的交互指标体系。

(一)指标体系的主要制定原则

指标体系的主要制定原则如下:①满足科学性。指标体系的制定要建立起二级交互指标体系框架,通过对多种权重确定方法的介绍,最终选取了其中一种并确定了各级指标的权重,要有理论依据,并且要符合实际规律。②具备可行性。指标的制定要符合当前网络教学互动的现状。目前,网络技术和计算机技术能够支持,交互软件可以实现,教师和学生可以实现指标的要求等。设计者不能仅仅凭借理论或者国外的经验去设计指标,要考虑国内的实际情况。③指标可量化。制定的一级指标和二级指标一定要能够被量化,要有量化的标准为其定量,最终才能利用指标体系为网络教学平台交互的情况赋分,得出定量的结果。④具有系统性。整个指标系统要形成一个系统,通过这个指标系统去评价网络教学平台交互的各个方面,从而得出整体的判断。一级指标之间要完备并且相互独立,每一个一级指标下的二级指标也要完备而且相互独立。⑤具有导向性。设计指标体系时要考虑指标体系的导向作用:最终设计出的指标体系,要引导网络教学平台交互的未来发展,从而提升网络教学交互的质量,最终提升网络教学的效果。

(二)二级指标的确定思路

指标体系使用两级结构:首先通过理论分析确定了七个一级指标,然后从每一个一级指标中分出二级指标。二级指标要包含于一级指标,并且要更具体,更容易被量化。设计二级指标的步骤如下。

1. 参考前人的指标体系设计

在制定网络平台交互指标体系之前,研读大量的国内外关于网络教学平台交互方面的理论以及论文。在对理论框架有所了解之后,参考国内外有关网络质量交互指标的研究成果,按照前文提及的网络平台交互指标体系设计原则,选择其中的几个指标体系作为参考。

2. 列出全部可能的指标

将选择的前人研究出的几个指标体系中的所有交互指标按照一级指标分类列出,取其中出现频率较高的指标,或者重要程度较高的指标,作为备选二级指标。

3. 对备选二级指标进行二次筛选

第一次列出的备选指标存在逻辑上的问题:并非互相独立,而且也不完备。因此,需要进行二次筛选,一方面除去其中多余的指标,增强指标的独立性,减少指标的数量。另一方面,要从参考的指标体系中加入一些指标,增加指标体系的完备性。同时,进行筛选还要考虑以下标准:①指标要有代表性,能准确反映出网络教学平台互动的程度;②指标要能够被量化,能找到一个容易测量的标准来对指标进行评分;③指标的设置要符合实际,要符合目前网络教学平台的现状;④指标要有引导作用,最终提高网络教学的效果。

（三）二级指标的构成

1. 二级指标的确立方法

基于前面确定的交互要素及其交互主客体模式，并且遵循交互指标的制定原则，通过行动研究和文献分析，从网络教学交互出发，依次分支出交互主体、交互客体、交互支持系统三个部分；再从交互主体中分出学习者与教师，交互客体分支出学习内容、学习资源、学习界面，交互支持系统分支出交互活动硬件和交互活动软件。最后再逐项的从学习者、教师等七个纬度划分出更加细化和具体的指标。

要制定科学完善的指标体系，设计者必须对指标体系中的诸项指标进行甄选和确定。遵循网络教学交互指标的制定原则，笔者首先参考大量文献研究，在美国密西根州立大学访问学习期间向有关网络教育的专家老师们进行了咨询，收集汇总了各个专家补充完善的指标，再应用集合滤弧法，最后留下被公认的指标，从而进行指标草案设计。集合滤弧法就是通过集合运算过滤掉交互专家认为不太需要的，对结果没有太大影响。

2. 一级和二级指标的初步框架的确立

交互指标体系从交互主体、交互客体、交互支持系统三大组成出发，分化出交互活动七大要素即一级指标为学习者、教师指导、教学内容、课程资源、交互界面、交互活动硬件、交互活动软件，这些一级指标涵盖了整个教学过程，网络教学的交互活动都是在这些一级指标上展开实施的。在一级指标的基础上，通过专家咨询，采用集合滤弧法不断地筛选最后总结归纳出了 36 条二级指标，一级指标和二级指标总体上反映了网络教学的过程和特征，同时也反映了网络教学交互活动的技术性。通过该指标体系整体而系统的对网络课程进行评价考察，也就间接的反映了网络教学中交互功能的情况。因此合理、全面、科学、规范、准确的细化分析二级指标是非常重要的。通过制定网络教学交互活动评价指标可以直观清晰地判断一门网络课程的水平，构建经过效度检验的高校网络教学交互指标体系，可以规范高校网络教学交互活动，指导设计与开发高校网络教学交互功能，达到提高网络教学质量的效果，最终提高教学水平，以达到促进学生发展的最终目的和教育宗旨。

第三章　基于 Web 的互动教学平台的设计与实现研究

第一节　网络教学平台系统的需求

一、构建网络教学平台系统的必要性

随着科学技术的快速发展,特别是计算机网络技术及多媒体技术的迅速发展,已经将人类带入崭新的信息化社会。大多数高等院校的教学方法和教学手段都转换成了现代化的使用多媒体投影教学和计算机网络教室进行授课的新方式,而且将传统教学中的教案和讲稿也都进行了电子化,电子教案和讲稿正广泛地运用到教学中。传统的教育方式和手段正在悄然变化着。网络及多媒体技术与传统教育的结合,不光改变了传统的教学方法和手段,而且还带来了教学内容、教学观念的不断更新,彻底改变了我们传统的教育思想和观念,也改变了传统的人才培养方式。这种新的观念和手段的变化也给我们带来了新的问题,采取何种方式和手段来解决这些问题? 这样,网络教学系统应运而生。可以想象,未来的现代教育技术必然将重点放在以信息技术及网络技术为基础的多媒体网络教育技术上。计算机网络教学平台作为一种全新的辅助教学形式具有很重要的意义,正呈现出广阔的发展前景。将网络教学系统建立在因特网上,使得老师和同学都可以随时随地的教与学,不受时间和空间的限制,并且学生可以挑选需要学习的东西进行学习,提高了学生的积极性、参与性和学习效率。

计算机网络技术的迅速发展使互联网上各种教育相关的应用不断出现。这些应用中的一个重要分支就是网络教学系统平台的出现。虽然早期出现过一些类似的平台,但是都随着网络泡沫的破灭及网络开发技术的落后而不能继续开发下去。如今,许多新的先进的网络开发技术的出现为网络教学平台的开发提供了良好的技术支撑。利用网络教学平台进行辅助教学的高校正逐年增多,很多高校都在计划尝试利用网络来进行教学辅助。目前,网络教学已经成为许多国家大学教育的一种有力的教学辅助手段。网络教学是在有电脑和网络的前提下,通过网络教学平台系统,实现无地域及无时间限制的互动式教学。它既是一种全新的教学方式,也是教育信息化和网络化的必然趋势和目标。对于传统教学方式而言,网络教学具有更大的灵活性和明显的优势:①培养创新人才;②培养的人才具有现代信息化;③提高教学质量和教学效益。

随着教学需求、教学理论与技术的不断发展,网络教学平台系统的研究也出现了一些新的趋势,主要有如下几个方面:①以内容为中心的设计转向以学习环境和活动为中心的设计;②网络课程资源的共建和发展,将与原来的资源中心相结合;③网络教学系统与数字校园其他系统的整合;④新型的网络交互平台将在网络课程教学中发挥作用;⑤移动学

习，目前多种移动终端已基本可以满足移动学习的硬件需求。软件系统的需求分析是把软件功能和性能的总体概念描述为具体的软件需要规格说明，它是软件开发的基础。软件需求也是一个不断认识和逐步细化的过程。在该过程中能将软件计划阶段所确定的软件范围逐步细化到可详细定义的程度，并分析和提出各种不同的软件元素，然后为这些元素找到可行的解决方案方法。

二、网络教学平台系统介绍

目前，随着高校的扩招，很多高校出现了师资紧张、教学质量下降的情况。近年教育部对高校教学质量提出新的要求，这对高校教学师资提出了更高的要求，在这种情况下，实施网络教学，能够有效缓解教学资源紧张的问题，通过网络教学系统的应用可以有效地弥补课堂教学的不足，同时可以让教师和同学在教学的过程中进行互动，有利提高教学质量和效率。目前，市场上各式各样成熟的网络教学软件产品有很多，但都不能完全满足各个高校的实际需求，最好的设计就是设计开发出一个既能满足高校日常教学的需求，又能满足高校管理需要的相对完善的网络教学系统。网络教学系统应该包括教学过程的主要环节。通过网络教学系统，能够实现教与学都不受时间、空间和地域的限制，学生可以根据自己的情况自主学习，教师可以开展对学生的学习指导、问题答疑、批阅作业、反馈信息等教学活动从而达到教学的良性互动，借助计算机互联网络的极大优势，促进师生的交流互动，有效提高教学效率。通过对教学的需求分析后，我们认为网络教学系统平台的主要业务应该包括以下几个方面。

（一）系统用户管理

系统管理员是系统的最高管理者，他主要负责教师、学生用户注册，控制管理用户权限及网络教学的各种教学资源，系统的主体用户包括有学生和教师，他们在系统中的活动直接体现了系统的功能。学生和教师要用正确的用户名、密码才能登录使用。所以系统管理员对教师、学生用户的管理主要应该包括添加删除教师、学生用户，并审核这些用户的合法性。

（二）课程管理

课程管理的工作主要是管理各种教学课程信息的发布以及为每门课程指定任课教师。

（三）教学资源的管理

教学资源的管理主要是对课程的相关资源进行上传和下载操作。每门课程都应该有教案讲稿、教学课件及辅导材料等资源，该课程对应的班级学生通过登录到系统后就可以看到该门课程的教师上传的相关资料，并可以在线浏览或下载教师提供的资源，学生可以进行自主学习。

（四）通知公告

通知公告主要是教师在教学过程中通知学生关于学习、作业及考试等信息和教师发布关于教学过程中的一些重要的变更通知，比如上课时间或教室的变更等，教师在系统上发布了公告信息后，学生登录就会有信息提示，通知公告可以将信息一目了然地呈现在学生用户登录页面上。

（五）在线测试

在线测试主要指教师在系统平台发布教授课程的相关测试，包括课程作业和课程考试。学生用户登录系统之后，直接进行测试，并提交答案，系统对照正确答案对学生提交的答案进行判断，给出测试成绩。与此同时，系统还可以将学生的考试情况以统计信息的形式呈现给学生，比如参加测试同学名单，参加测试的学生的平均分等。

（六）在线交流

在线交流是指用户在系统平台上进行问题的交流。教师或学生与系统管理员交流关于系统使用的问题。教师与学生交流教学方面的问题，教学方面交流有两种形式：一种是一对一的交流，就是学生在系统中直接提问，教师回答学生的问题，学生没有搞懂还可以继续提问，直到搞懂；另一种是一对多或多对多的交流，学生、教师用户之间就某个问题进行交流讨论。

三、网络教学平台系统业务的分析与研究

基于 Web 的互动网络教学系统设计与实现，在上述网络教学系统业务概述的基础上，将根据系统用户的功能要求，对系统的用户管理、课程管理、公告通知、内部消息、在线交流、在线测试、教学资源管理等进行详细的业务分析，并通过绘制跨越三种用户职能的业务流程图及用例模型对各功能模块进行具体地描述。

（一）用户管理

用户管理是整个系统管理的基础，它主要包括用户注册、登录、注销和管理用户信息等。按照用户功能角色的不同，系统用户划分为三种，即系统管理员、教师和学生用户。系统管理员负责对教师和学生用户的管理，包括注册、注销教师和学生用户，并设置初始密码。由于在系统建立之初，网络教学系统平台第一次运行的时候，数据库里完全没有任何数据，当然包括系统管理员账户信息都是空的，所以在系统初始运行的时候，需要我们首先在系统数据库里手动添加一个系统管理员账户信息记录。然后根据此账户登录系统再进行教师用户和学生用户的添加、注册和管理。由于考虑到如果完全开放用户进行自由注册的话，用户的合法性及用户信息的准确性都没有办法保证，管理员无法进行用户信息正确性的审核和判断。因此，为防止非法用户的出现，注册、修改教师及学生用户由系统管理员来完成。当然系统管理员也可以注册生成其他系统管理员的账户，这样可以对系统进行分块审核和管理。学校的教务处可以提供所有学生和老师的准确的详细信息，包括姓名、年龄、性别、所属院系班级、课程等，这样完全可以保证所有注册用户的准确性和合法性。完成这些用户的注册后，系统就可以开始正常的工作，用户可以登录信息并核对自己的用户身份。正常后可以使用系统的各项功能服务。因此，系统管理员在注册用户工作的时候，可以依据学校的教务系统，从教务系统中导出这些用户的数据，并导入网络教学平台系统之后，系统管理员可以再让教师和学生用户核对并确认后，表示系统用户注册成功。

（二）课程管理

课程管理包括两方面内容：一方面是课程信息发布；另一方面是课程相关设置。在系统中开设一门课程，我们首先要确定该课程的一些基础信息，包括课程名，课程的主要内

容，然后需要指明参加该课程学习的年级和参加学习的学生，最后还必须指定任课教师。

课程信息发布主要是添加新课程，包括课程的名称、课程的简介，课程相关设置主要是对新发布的课程指明任课老师，所属的学院、授课班级、上课地点、上课时间等，这些都必须由系统管理员来调整。在进行操作之前，系统管理员必须有学校教务处提供相关的课程授课信息，这样才可以保证系统管理员进行的相关课程设置的正确性和合法性。对于已经发布或完成的课程信息，系统管理员可以对该课程进行后期的编辑和删除等操作。

（三）公告通知

公告通知是用户在网络教学平台中发布公告信息。它主要是在教学过程中发些动态信息，相关用户登录后可以看到这些信息。在网络教学平台中，公告通知按内容分为两种：一种是学习通告，主要发布教学相关通知，比如说上课的时间和地点，资料的上传下载；另一种是作业通告，主要是老师布置作业，通知学生作业完成的时间及要求。这两种通告都是由教师发布。考虑到通告的时效性，这种小范围的针对本课程学生的通知公告不需要通过管理员的审核，学生用户登录系统后会以消息的形式提示学生并可以直接查阅到教师发布的通告，同时系统管理员也可以浏览这些通告，并可以管理通告的内容，如果不合法可以进行删除。

（四）内部消息

出于尊重用户隐私权的考虑，系统平台为系统用户之间进行私密通信需要专门打造了一条通道。系统的内部消息传递就相当于是系统内部的用户邮箱，发布的消息，只有消息的接收者才能看到。所有的用户都可以互相通信。

（五）在线交流

在线交流是系统平台为用户提供一种公开的交流方式。学生可以通过网络同老师和其他学生针对学习过程中的学习问题进行在线交流讨论，并且系统会保留交流的所有讨论的话题，可以方便用户进行查阅。在线交流可以分为有针对性问题的答疑和广泛性地学习问题讨论类似。学生可以直接向老师请教，也可以发表问题和其他用户进行讨论。教师进入系统后，可以就看到学生的问题并可以给予解答。在现代高校的正常教学过程中，由于受时间和空间的限制，学生很少有机会可以面对面的进行交流，因此在线交流很好地解决了传统教学过程中师生之间缺乏交流的问题。当然对于教师或学生用户借助平台发布的一些不当的言论，系统管理员会进行删除，或取消该用户进行话题讨论的权利，给所有正常合法用户创造一个干净、整洁、积极、高效的网络学习空间。

（六）在线测试

教学效果的好坏，测试是一个很好的检验手段，网络教学的核心功能之一就是在线测试。在传统教学过程中，教学测试浪费很多纸张资源并需要花费很多时间去准备试卷，教学效率低。在网络教学中，充分利用互联网解决现存在的一些问题，而这也正是本书提出基于的网络教学系统设计和实现的重要目的。学生用户通过网络登录系统后直接进行作业和考试，教师用户利用系统平台的在线测试模块功能批阅和统计学生成绩，相比较传统的教学模式，网络教学的优势：一方面节省了教师和学生的大量时间，另外也免去了集中安排考场和监考人员等大量资源的烦琐工作，教师可以将更多宝贵的时间集中在“教”上，学生可以自主安排时间进行测，可以更加方便快捷地检测自己对课程知识的掌握情况。教师在生成课程测试卷之后，在还没有开始测试之前，还可以进行试题的编辑，删除操作。虽然学生在不同的地方进行考试，但是只要保证网络的通畅就可以让考试同时进行，保证考试的公平性。

（七）教学资源管理

教学资源管理是指通过对教学资源的计划、组织、协调和评价，以实现既定教学目标的活动过程。教学资源是教学内容的体现。传统的教学资源主要是纸张、黑板加粉笔，这些资源不方便信息的传递和共享。而网络教学系统通过互联网很好地解决了传统教学资源的弊端。在网络教学系统中，所有课程都有教学资源。教师将自己所授课程的教学资料上传到网络上，相关学生用户就可以到网上下载该课程对应的教学资源。为了系统的安全，教师上传教学资源后，管理员要审核后才能在网上显示，保证资料不受病毒等侵害。

第二节　网络教学平台系统的总体设计

网络教学平台可以创设现代化教学环境，开辟了便捷获取学习资源的渠道。对于高校教师来说，网络教学平台可以使教师不再是直接的知识传授者，教师可以通过平台来授课，利用网络教学平台创建开放灵活的教学模式，使教学活动新颖多样化，教育目标通过网络教学平台更有效地实现。对于学习者来说，网络教学平台有优质的课程资源，学习者通过任一终端都能访问，可以自主选择学习内容及学习辅助工具，实现了资源共享与优势互补，成为学习者协作、自主、个性化及创造性学习的理想学习平台。网络教学平台为精品课程提供了展示的平台，高校精品课程建设的目标就是实现课程的示范性和辐射作用，建立网络教学平台则是实现精品课程示范性的关键措施。

一、网络教学平台系统的总体框架

网络教学平台系统的总体设计包括系统的总体框架设计、系统的功能模块划分、系统的软件设计框架、系统的数据库结构设计、系统的界面设计和系统的安全性设计。

（一）网络教学平台系统采用的是架构

在互联网络环境下，学习者通过浏览器就可以非常方便地访问到系统服务器，并使用系统的功能。架构给我们带来了很多方便。首先是客户端免维护，无成本，学习者的电脑只需要安装有浏览器并连接网络就可以使用系统，不再需要下载安装专门的客户端软件。网络教学平台系统在升级维护的时候只需要调试服务器代码，保证服务器正常运行，不用去为任意一个客户升级软件系统。这也是相对结构的一个非常大的明显优势，也是选择架构而不选择结构的原因。

（二）网络教学平台系统的组成部分

网络教学平台系统分为两个部分：一部分是万维网服务器，也就是系统平台服务器；另一部分是用户浏览器，两者通过网络进行连接。服务器包括 IIS 服务器，ASP. NET 系统模块和 ASP. NET 对数据库进行访问及操作的模块。只需要用户电脑安装有浏览器既可以轻松地访问该服务器，而不需要安装任何其他软件。用户在启动浏览器之后，输入服务器的 IP 地址或服务器域名，进入系统登录界面，系统会要求用户输入用户名，密码以及选择用户的类型以便登录系统。提交后系统会判断登录用户的合法性,如果用户合法,即用户名,密码和用户类型都与数据库种用户信息相匹配,那么系统将根据用户的类型进入不同的操作功能页面,否则提示用户登录出错,并要求用户重新输入相关登录信息进行重新登录系统。

(三)网络教学平台系统服务器的设计采用三层架构

三层架构分别为页面表示层,系统业务逻辑层和数据库访问层。此外,在这三层中都需要用到系统的公共对象和部分通用的操作。其中,页面表示层主要是系统的用户界面,系统业务逻辑层是对系统中的逻辑操作的封装,而数据库访问层是对数据库中各种数据访问的设计。通过这样严格的划分,将给系统服务器的开发带来极大的灵活性和可维护性。

二、网络教学平台系统数据库设计

数据库技术是计算机科学中发展最快的领域之一,也是应用最广的技术之一,它已成为计算机信息系统与应用系统的核心技术和重要基础。数据库设计(Database Design)是指在一个特定的应用环境中,构造最适合数据库模式,构建相应的数据库及其应用系统,可以把数据存储在里面,满足各种用户的需求。在数据库中,常常把使用数据库的各类系统统称为数据库应用系统。采用关系型数据库,选用 SQL Server2019 数据库管理系统。利用 SQL Server2019 提供的强大的数据库管理工具,我们可以非常方便的对数据库进行设计、开发、部署和管理。

(一)数据库的主要设计原则

数据库是应用系统的核心和基础。数据库设计得好,系统中其他部分才能配合在一起有效的工作,使系统成为一个整体。因此,设计者要设计出一个好的应用系统就必须先把数据库设计好。

网络教学平台系统数据库设计遵循以下几条原则:①规范命名:网络教学平台系统中所有的数据库名、表名、域名都遵循统一的命名规则;②数据完整性:保证数据的正确性和相容性。用户向数据库中添加数据时,网络教学平台系统需要对添加的数据进行审核并制定相应的约束机制;③数据独立性:数据库中的数据相互独立,不存在依赖关系;④数据可伸缩性:数据库设计应具有良好的扩展性、伸缩性和适度的数据冗余;⑤数据规范化:网络教学平台系统中基本表及其字段之间的关系,应尽量满足第三范式。为了提高数据库的运行效率,有时需要降低范式标准,适当增加冗余,达到以空间换时间的目的;⑥数据安全性:数据库中的数据只有授权合法的用户才能修改。

(二)数据库选择

网络教学平台系统后台数据库采用 Microsoft SQL Server 2019,它是微软下一代的数据管理与商业智能平台,SQL Server 2019 将是微软 5 年来具有里程碑性质的企业级数据库产品。SQL Server 2019 通过提供一个更安全、可靠和高效的数据管理平台,增强企业组织中用户的管理能力,大幅提升 IT 管理效率并降低运行风险和成本;提供一个极具扩展性和灵活性的开发平台,不断拓展应用空间,实现 Internet 数据业务互联。SQL Server 2019 将在安全性、高可靠性、扩展性、可管理性方面有极大的提高,不仅能够确保企业级数据业务的实时稳定运行，还能够大大提高管理效率、降低操作复杂度和运维成本。

Microsoft SQL Server 2019 数据库管理系统具有以下特点：①加强的 T – SQL（事务处理 SQL）；②CLR（Common Language Runtime，通用语言运行时）；③服务代理（Service Broker）；④数据加密；⑤SMTP 邮件；⑥HTTP 终端；⑦多活动结果集（Multiple Active Result Sets，简称 MARS）；⑧专用管理员连接；⑨SQL Server 综合服务（SSIS）。

三、网络教学平台系统数据库设计

网络教学系统采用关系数据库系统存储和管理数据。关系数据库被定义为一种特殊的数据库，一个数据库一般包括多张表。每张表内的字段内容都各不相同，不允许出现重复组。SQL 结构化查询语言是一种数据库查询和程序设计语言，用于存取数据以及查询、更新和管理关系数据库系统，是操纵关系数据库的标准语言。关系数据库的基本操作有选择、投影、连接等，通过对关系模型的扩展，在关系表中存储复杂数据类型、视图、存储过程、触发器等，对用户定义数据类型、嵌套表及对象的支持，就形成“面向对象关系数据库”。在数据库中，就是通过使用数据模型来抽象、表示、实现、显示现实世界中的资料和信息的。根据模型应用的目的不同，将数据模型分成两个层次，即概念模型和关系数据模型。概念模型是用户和数据库设计人员之间交流的工具，关系数据模型是由概念模型转化而来，是按照数据库系统的观点来对资料建模，从模型产生的数据库设计即为逻辑设计。

四、网络教学平台系统界面设计

网络教学平台系统的界面设计是用户与软件的直接界面层，界面的好坏决定用户对系统的第一印象。好的界面设计能吸引用户并起引导作用。通过网络系统界面学生可以对它进行信息查询、网上操作，系统则通过它向学生提供信息，以供阅读。界面设计的优劣直接影响学生的学习兴趣和学习效率。因此，设计者必须按照一定的原则进行设计开发，并不断进行研究和探索。

网络教学平台系统的界面设计主要遵循以下几项基本原则：①规范性原则：使用规范的界面元素，使用相同的信息表现方式，在字体、标签风格、颜色、术语、显示提示信息等方面做到统一；②易用性原则：按钮名称易懂，用词准确；③服务用户原则：帮助用户处理问题，系统要设计有恢复出错现场的能力，在系统内部处理工作要有提示，尽量把主动权让给用户，方便用户操作；④安全性原则：要尽量考虑到用户的操作可能出现的问题，使出错概率降至最低；⑤独特性原则：一味追求规范，则丧失自己的个性，在规范性原则下，要有自己独特的风格；⑥美观与协调性：本系统在界面设计上，做到颜色和风格的统一，字体规范，利用左侧菜单为用户提供导航。

五、网络教学平台系统安全设计

网络教学平台系统运行于校园网内的服务器上，校园网与互联网络通过防火墙隔开，内网相对比较安全。这样，系统有了基本的安全保障。系统只允许经过正确注册的用户可以登录使用系统功能，即系统要求对登录的用户进行必要的身份验证，其他非注册用户不能使用系统,只能看到系统登录界面。此外,我们对系统的账户也进行了基本的安全防范,为系统的三类用户均提供了自行修改密码的功能,并且教师和学生账户用户不能修改自己的用户资料,需要修改必须通知系统管理员处理,这样增加了破坏的难度,有益于系统的安全。为了保证系统更进一步的安全性,在程序设计过程中通过 ASP. NET 与 IIS 配合工作为系统提供进一步的安全措施。ASP. NET 能支持三种身份验证程序:①Forms 身份验证(使用应用程序特定的逻辑);②Passpor 身份验证(由 Microsoft 提供的集中身份验证服务);③Windows 身份验证(使用直接通过 IIS 提供的身份验证)。

Forms 身份验证(基于窗体的身份验证):要采用 Forms 身份验证,可以在应用程序根目录中的 Web. config 中做相应的设置。Passport 身份验证:由 Microsoft 提供的集中身份验证服务,该服务为成员站点提供单一登录和核心配置文件服务。由于访问新的受保护资源或站点时不再需要登录,所以它有益于用户。如果希望您的站点与 Passport 身份验证及授权兼容,则应该使用该提供程序。实际上,ASP. NET 只是接收 IIS 传递给它的内容,并将这些内容映射到. NET 主体和身份对象上。这对于企业内部互联网和外部网最适合,在这种情况下,用户是您组织中的一员,并且已经具有公司域中的 Windows 账号。利用 MDT 加密算法提高敏感数据传递的安全性,Message Digest Algorithm MD5(消息摘要算法第五版)为计算机安全领域广泛使用的一种散列函数,用以提供消息的完整性保护。MD5 主要用于确保信息传输完整一致,它是计算机广泛使用的杂凑算法之一(又译为摘要算法、哈希算法),主流编程语言普遍已有 MD5 实现。MD5 算法具有以下特点:①压缩性:任意长度的数据,算出的 MD5 值长度都是固定的;②容易计算:从原数据计算出 MD5 值很容易;③抗修改性:对原数据进行任何改动,哪怕只修改 1 个字节,所得到的 MD5 值都有很大区别;④强抗碰撞:已知原数据和其 MD5 值,想找到一个具有相同 MD5 值的数据(即伪造数据)是非常困难的。虽然 MD5 比 MD4 复杂度大一些,但更为安全。

第三节　网络教学平台系统的详细设计和实现

一、网络教学平台系统关键技术介绍

(一)Microsoft. NET 介绍

Web 服务从由简单网页构成的静态服务网站,发展到可以交互执行一些复杂步骤的动态服务网站。这些服务可能需要一个 web 服务调用其他的 web 服务,并且像一个传统软件程序那样执行命令。这就需要多个服务能够无缝地协同工作,需要能创建出设备无关的应用程序,需要能轻松协调网络上各个服务的操作步骤,容易地创建新的用户化的服务。Microsoft. NET 平台构想了一个“不再关注单一网站或设备的联网,而是让计算机群、设备组和服务商协同工作,提供更广泛更丰富的解决方案”的理想化的互联网络计算环境。Microsoft. NET 是 Microsoft XML Web services 平台。. NET 就是 Microsoft 的 XML Web 服务平台。尽管编程语言或操作系统有不同,但应用程可通过 XML Web 服务在 Internet 上传输和共享数据。Microsoft. NET 产品都是基于 XML 和 Internet 行业标准建立,提供从开发、管理、使用到体验 XML Web 服务的每一个方面,向其他应用程序提供数据和服务

的应用程序逻辑单元。应用程序使用标准 Web 协议和数据格式(如 HTTP,XML 和 SOAP)访问 XML Web services,与每个 XML Web services 的实现方式无关。XML Web services 综合了基于组件的开发和 Web 的优点,它们是 Microsoft. NET 编程模型的基础。Microsoft 在工具、服务器、XML Web 服务、客户端和. NET 体验五个方面创建. NET 平台。

. NET 编译平台由核心组件及其他构件(开发工具及协议、WEB 客户端及终端用户应用、WEB 服务及企业服务器)所组成。微软的 Windows 作为操作系统运行于. NET 框架之下,在 Windows XP SP2/Windows Server /Windows Vista 系统中内置. NET 框架,它也可以安装在大多数老版本的 Windows 系统中。. NET 框架作为. NET 开发平台的核心组件为 Web 服务及其他应用提供建立、移植和运行的环境。. NET 组件是一个带有动态链接库扩展的预编制类模块。在运行的时候,通过一个用户使用程序被激活并加载到内存中。. NET 组件是用于创建网络和 Windows 应用程序的,这些应用程序使一个应用程序所需的功能可以显示在外部。. NET 平台还包含 Web 表单,Web 表单是可从网上下载的标准接口。一个 Web 表单包含供使用者输入数据资料的文本框。然后使用者可以将表单提交给接收器。. NET 平台至关重要的一部分就是网络服务器。网络服务器查询协议和标准的合集。应用程序可以使用网络服务器通过计算机网络交换数据资料。

(二)ASP. NET **技术**

随着时代的进步,计算机技术和互联网技术的发展速度引领着时代前进的步伐。社会对网络的需求和要求日趋提高。传统的静态网页技术已经无法满足广大用户的需求。动态网页技术如一颗新星,冉冉升起,日趋强大和完善,且具有不可颠覆性。ASP. NET 的前身是 ASP 技术,是基于通用语言的编译运行的程序,因为它比较强大,并且适应性强,在 Web 应用软件开发者的很多平台上都可使用它,通用语言的基本库,消息机制,数据接口的处理都能无缝的整合到其中。ASP. NET 整合了 ASP 的优缺点,已经成为今世之霸主。

ASP. NET 的实现语言一般分为两种开发语言,VB. NET 和 C#,基于通用语言的编译运行的程序,所以它的强大性和适应性,可以使它运行在 Web 应用软件开发者的几乎全部的平台上。完全和 HTML 集成,易于学习和使用。在 ASP. NET 提供的服务中,可以从最基本的游戏、电子邮件到复杂的工商管理、ERP 系统,理论上认为几乎没有什么软件不可以转化为互联网络服务。程序代码均在服务器端运行,提高了程序的安全性。ASP 中常被使用的五大基本对象,在 ASP. NET 中仍然持续被支持,只不过它们都换了一个身份来提供。可在每个万维网服务器之间做状态储存的媒介,像是独立的服务器或是数据库。将程序在服务器端首次运行时进行编译,这样的执行效果,当然比一条一条的解释强很多。ASP. NET 有更好的语言支持,更为庞大的新控件群以及基于 XML 的组建,还有更出色的用户鉴定。ASP. NET 还包含了一组新的 input 控件导向对象,像可编写选框列表以及验证控件。通过账号和角色来进行用户身份验证,大大提高了安全性能。允许加入用户账户以及角色任务,给每个用户(通过分配角色任务)来访问不同的服务器代码和可执行的代码。此外,ASP. NET 还具备一些新的特性。ASP. NET 是用于构建 Web 程序的强大平台可以构建任意 Web 程序,它利用语言环境 CLR 和. NET Framework 运营程序提供了一个可靠的自动化的可扩展的主机环境。所以才能取得如此革命性的成功。作为

. NET框架的一部分，ASP. NET 在任何安装该框架的地方都可以使用。换句话说，ASP. NET 不再是一个附加部分，而成为一个标准设置。另外，ASP. NET 借鉴了 Java、VB 等语言的开发优势加入了许多新的特色。优良的性能 ASP. NET 基于通用语言运行环境 CLR，充分利用了提前绑定、代码分离、本地优化、数据缓存(Cache)、状态管理等一系列技术来达到性能稳定、使用便捷的目的。ASP. NET 提供了可定制和重用的体系结构，用户可以在一定的层次上修改 ASP. NET 提供的程序段。甚至可以利用定制的组件重新编写 ASP . NET的组件，从而实现根据不同需要定制的目的。可读性在 ASP 中用于显示网页的 HTML 语言与程序代码混在一起，而且用户在给 Web 页添加 ASP 代码的方法与在客户端脚本中添加代码的方法相同，这样容易导致代码杂乱、维护困难且功能有限；ASP. NET 页面允许用户创建自己的界面，采用 Code behind 技术将页面逻辑与程序逻辑分离，使丰富多彩的网页更容易编写，结构也更清晰，程序也具有了良好的可读性。兼容性对于大部分的 Web 开发者来说，在短时间内完全放弃自己原先设计的 ASP 网站是不现实的。ASP. NET 的设计者同样考虑到了这个问题。安装 ASP. NET 以后，ASP 网页不仅可以继续使用。而且还可与 ASP. NET 共存于一个网站而不互相影响。简易性 ASP. NET 使常用的网络开发变得简洁方便，从简单的提交表单到客户端验证的实现和整个网站的配置，都可以轻松地完成。综上所述，ASP. NET 从性能、开发、升级、语言、管理、服务等各方面都非常强大。

(三)NET 框架的原生语言 C#

C#是微软公司发布的一种面向对象的、运行于. NET Framework 之上的高级程序设计语言。C#看起来与 Java 很相似；它包括了诸如单一继承、接口、与 Java 几乎同样的语法和编译成中间代码再运行的过程。但是 C#与 Java 有着明显的不同，它借鉴了 Delphi 的一个特点，与 COM(组件对象模型)是直接集成的，而且它是微软公司. NET Windows 网络框架的主角。综上所述，C#是一种简单编程语言，但功能比较强大，并且因为它的易用，高性能及低级内存访问，开发者都比较喜欢用 C#来编程。

(四)ADO. NET 技术

ADO. NET 是微软 NET 平台中的最新的数据访问技术，通过它将应用程序和数据库连接。ADO. NET 是 Microsoft 公司中有关数据库的一个组成部分，它建立一组规范，并提供了一组对数据库访问的标准 API(应用程序编程接口)。它可以高效访问任何数据库中的数据源。其设计准则是简单性和性能，其设计原理是提供分布式应用程序一种合适的解决方案，用户先通过连接对象取得数据库中的原始数据，然后断开与数据库的连接，在前端操作，处理完后再与数据库连接，将变动的数据更新到数据库中，这样可以大大降低网络教学平台系统资源。

综上所述，ADO. NET 通过一系列全新的对象和编程模型，并与 XML 技术紧密结合，使得在 Microsoft. NET 中的数据操作更加方便和高效。

(五)XML 简介

可扩展置标语言(Extensible Markup Language，简称 XML)是一种允许用户对自己的标记语言进行定义的源语言。由于 HTML 难以扩展，交互性和语义性差，缺乏弹性，人们改进了 HTML 从而形成了 XML。XML 有助于信息的表达和结构化组织，使信息检索更为有效。XML 包括了一组相关技术：XSL(可扩展样式语言)、XML 连接语言、XML 命名空间和 XML 模式。XML 并不是一个独立的、预定义的单纯标一记语言，它是一种元语言，可以用来定义任何一种新的标记语言，用来定义各种不同的文件类别，它有别于 HTML 那种单一的格式及固定的语法，而要让用户在互联网上制作页面时，能够根据自己的需要灵活而又容易地添加新的标记，同时又不破坏标记语言格式的统一性。XML 与 HTML 的设计区别：XML 是数据的内容，而 HTML 是数据的显示。

XML 与 HTML 的语法区别：HTML 的标记不是所有的都需要成对出现，XML 则要求所有的标记必须成对出现；HTML 标记不区分大小写，XML 则大小敏感，即区分大小写。XML 主要具有以下几个特点：①简单性。XML 的严格定义和规则集使人类和机器都能更容易地阅读文档。XML 文档建立在基本嵌套结构之上，其树形结构的层次非常清楚。②可扩展性。XML 允许开发者创建他们自己的 DTD，可被用于多种应用；作为一个核心标准，XML 为其他标准提供了一个坚实的基础。③互操作性。XML 可以在多种平台土使用 XML 且可以用多种工具进行解释。④开放性。XML 标准在互联网上是完全开放的。XML 文档中的数据却是任何应用都可使用的。

（六）C/S 模式与 B/S 模式

C/S 模式，即 Client/Server（客户机/服务器）模式，它是软件系统体系结构，通过将任务合理分配到 Client 端和 Server 端，降低了系统的通信开销，可以充分利用两端硬件环境的优势。C/S 模式的应用系统最大的好处是不依赖外网环境。B/S 模式，即 Browser/Server（浏览器/服务器）模式，是随着互联网技术的兴起，对 C/S 模式应用的扩展。C/S 与 B/S 区别：C/S 是建立在局域网的基础上的，B/S 是建立在广域网的基础上的。

C/S 与 B/S 区别主要体现在以下几个方面：①硬件环境不同。C/S 一般建立在专用的网络上，小范围里的网络环境，局域网之间再通过专门服务器提供连接和数据交换服务。B/S 是建立在广域网之上的，不必是专门的网络硬件环境，信息自己管理。B/S 有比 C/S 更强的适应范围，一般只要有操作系统和浏览器就行。②对安全要求不同。C/S 一般面向相对固定的用户群，对信息安全的控制能力很强。一般高度机密的信息系统采用 C/S 结构适宜，可以通过 B/S 发布部分可公开信息。B/S 建立在广域网之上，对安全的控制能力相对弱，面向是不可知的用户群。③对程序架构不同。C/S 程序可以更加注重流程，可以对权限多层次校验，对系统运行速度可以较少考虑。B/S 对安全以及访问速度的多重的考虑，建立在需要更加优化的基础之上，比 C/S 有更高要求的 B/S 结构的程序架构是发展的趋势。④软件重用不同。C/S 程序不可避免的整体性考虑导致构件的重用性不如在 B/S 模式下构件的重用性好。B/S 的多重结构，要求构件相对独立的功能，能够相对较好的重用。⑤用户接口不同。C/S 多是建立的 Windows 平台上，表现方法有限，对程序员普遍要求较高。B/S 建立在浏览器上，有更加丰富和生动的表现方式与用户交流，并且大部分难度减低，减低开发成本。⑥信息流不同。C/S 程序一般是典型的中央集权的机械式处理，交互性相对低。B/S 信息流向可变化。

B/S 结构的特点如下：①由于 web 支持底层的 TCP/IP 协议，使 W LB 网与局域网都可以做到连接，从而彻底解决了异构系统的连接问题；②由于 web 采用了“瘦客户端”，使系统的开放性得到人性化的改善，系统对将要访问系统的用少数的限制有所放松；③系统的相对集中性使得系统的维护和扩展变得更加容易。比如数据库存储空间不够，可再加一个数据库服务器;系统要增加功能,可以新增一个应用服务器来运行新功能;④界面统一(全部为浏览器方式),操作相对简单;⑤业务规则和数据捕获的程序容易分发。

二、网络教学平台系统各功能模块设计实现

网络教学平台系统用户模块的设计实现。教学系统共有三种用户:管理员、教师、学生。管理员负责基础信息的维护,录入学生、教师基本信息,维护学院、专业、班级辅助信息,开设课程,与其他用户在线交流等。教师是教学的主体,在系统中能查看自己的资料,修改登录密码,查看课程信息,发布课程公告,上传教学资料、管理题库、发布试卷、在线答疑、与其他用户交流等。学生是教学的对象,登录系统后能查看自己的资料、修改登录密码、查看课程信息、进行在线测试、在线答疑、与其他用户交流等。为了系统的安全性,每种用户登录系统,都只显示与其相对应的功能模块,因此登录后各用户的页面左边的功能按钮都不同。用户通过特定的地址访问系统,在系统界面输入用户名、密码、用户类别,这些信息都提前存储在数据库中,系统会根据用户输入的用户名、密码、用户类别匹配数据库中的信息。如果一致,则登录成功,否则登录失败。

院系信息管理模块的设计实现。以管理员身份登录系统后可以进行院系管理即院系管理模块,它包括管理学院、专业及班级信息,包括添加、删除学院、专业及班级信息并可以修改相关信息。

系统公告管理模块的设计实现。系统公告模块主要包括学习公告与作业公告。学习公告针对所有的学习,作业公告只针对某门课程。

内部消息管理模块的设计实现。三种角色的用户之间都可以进行一对一的交流,具有较好的私密性,类似电子邮箱的功能,当然它只能在系统内部的用户之间进行,与外界邮箱地址之间不能进行通信。

教学资源管理模块的设计实现。以教师身份登录系统后,教师可以选择相应的课程管理课程的教学内容,添加相应的课程教学材料,查阅课程的相关信息,并查阅参加该门课程的学生信息,并可以与学生联络,进行个别辅导。

三、网络教学平台系统部署及测试

WEB 服务器采用 Windows 建立,数据库服务器安装 SQL Server 2019。客户端不需要安装软件,利用系统 Windows 自带的 IE,输入地址进入系统,再用管理员分配的用户名、密码登录,用户操作非常简单、方便。系统测试是对整个系统进行测试,检测系统的各项功能是否符合规定,是否符合客户的需求,若有不符合的地方要进行修改和完善,尽可能地达到设计要求,完成系统目标。测试的目的就是为了发现系统中潜在的错误和缺陷,并及时加以修正。

软件测试方法可分为白盒测试和黑盒测试两种:①白盒测试。它是对程序的源代码进行检测,从软件代码句法中发现系统内翻代码在算法、溢出、路径、条件等中的缺点或者错误,并加以改正。②黑盒测试。它是通过使用整个软件或某项功能来测试。测试人员通过输入他们的数据然后看输出的结果是否达到要求。测试者在系统接口进行测试,它是检查程序功能是否满足系统需求。我们这里主要测试系统的功能是否达到我们的设计

要求,所以我们采用黑盒测试的方法。

系统测试的内容主要包括以下方面:①功能测试:检测系统的功能是否达到预定的要求;②性能测试:检测系统的负载能力是否达到要求;③安全性测试:检测系统能否防止非法入侵;④稳定性测试:检测系统稳定运行的时间;⑤健壮性测试:检测系统在不正常的情况下能否正常运行;⑥用户界面测试:重点是测试用户界面是否友好、方便易用等一系列界面问题。

测试过程设计主要包括下面几方面的测试:①功能测试:系统设计人员和用户对系统功能进行测试,检测系统是否达到系统要求的功能,并形成最终测试报告;②性能测试:系统设计人员和程序设计人员对系统的负载及压力进行测试,将测试的相关数据写入测试报告;③安全性测试:系统设计人员和程序设计人员对网络、系统、服务器端和客户端应用程序的安全进行测试,并将安全性描述写入测试报告;④稳定性测试:系统管理员对系统的稳定性进行测试,将运行过程中的出错率写入测试报告中;⑤健壮性测试:主要是检测程序对各种不正常的情况是否能进行正确处理,包括容错能力和恢复能力测试;⑥用户界面测试:用户对界面的友好性及易用性进行测试,并写入测试报告中。

测试用例设计主要是测试网络教学平台的各项功能是否达到设计要求,因此采用黑盒测试的方法。黑盒测试用例的设计就是使用详细设计导出测试用例。为检测特定功能输入相应数据进行测试,看是否达到预期结果,用例之间不重复检测。测试用例的设计数量取决于其是否完成了功能需求的检测,是否完成了路径的检测。利用网络资源展开网络教学活动,给老师和学生提供一个交互平台,激发学生的学习热情,提高老师的教学水平。网络教学系统平台具有以下几个主要特点:①通用性强。系统需要适用于各类高校、甚至是各类培训机构进行远程教育培训;②实现时间和空间灵活性。系统需要提高教学效率,节约大量的人力资源;③良好的扩展及升级性能。由于系统采用 B/S 结构,保证了系统良好的扩展及升级性;④资源共享性。系统需要实现用户之间的资源共享,有力提升效率;⑤完整性。系统需要充分考虑教学的各个环节,使其目标都能实现。

综上所述,教育事业是人类最崇高的事业,教师是太阳下最光辉的职业。随着人类进入了信息化时代,人们对网络的依赖性越来越强,网络教学改变了传统的教学手段,为学生提供了更丰富的学习信息,同时网络教学还可以不受时间、空间的限制,提高学生的学习兴趣。这样,发展网络教学是非常有意义的,它可以为我国培养出多变的发展型人才。

第四章　网络教学平台混合教学模式的应用

第一节　国内外网络教学平台混合教学模式的研究现状

随着信息网络技术的飞速发展为网络学习开辟了广阔的发展空间，职教新干线、泛雅等网络教学平台的诞生，给高校教育带来了许多便利，同时也面临着前所未有的挑战。如何合理利用网络平台资源，将其融入课堂教学环节，改善学生被动式学习的现状是值得探讨的问题。针对上述问题，相关研究人员提出了网络教学平台与课堂教学优势互补，资源分层与学习闯关共同促进课堂共性学习与课后自主学习共同发展的“混合式”的教学模式。

一、网络教学平台混合教学模式的必要性

目前，在高校教育中，网络教学平台的形式体现在，学生利用网络学习教学课件、授课视频等教学资源。这种教学模式仅仅是通过信息化技术对传统的教学内容进行重新的包装，是传统教学模式在网络上的再现。网络教学平台是为网络教学提供技术支持的软件系统，凭借其便利的教育传播功能被应用于各类高校，对传统课堂进行了补充，改进了目前高校的人才培养模式。在网络教学平台的使用中，混合教学模式是在高校使用最广泛的教学模式之一，然而，基于高校网络教学平台混合教学模式在不同类别的高校中的应用情况存在较大差异，难免也存在一些问题。其存在的问题归纳如下：①不能和课堂教学协调配合。目前，“线上”的网络课程和“线下”的实体课堂犹如两根不相交的平行线，如何将“线上”“线下”融和在一起，形成合力推进学生知识能力发展是关键问题。②学习过程不受控。部分高校学生学习行为缺乏自主性和持久性，在“非指导性”的学习环境下，如果教学资源吸引力不足，那么学生的学习效率几乎为零。③没有及时反馈评价。教师对学生的学习效果无法进行动态追踪，不能形成约束力，致使学生产生厌学情绪。因此，基于高校网络教学平台的混合教学模式需要一种新的教学系统设计，以改善教学效果。

近年来，互联网和信息技术发展迅速，为网络信息的传播提供了硬件基础，也改变了信息的传播带方式，提高了信息的传播效率。网络平台教学作为网络信息传播的一个重要的组成部分，从一开始的点播式教学平台到交互式教学平台再到现在的社会化教学平台，它正以势不可挡的速度在我国迅速发展。网络平台教学具有教学方式上的开放性、交互性，教育资源的全球性、多样性，教学形式的灵活性、多样性，如今已经成为师生最受欢迎的教学方式之一。它使受限于学习时间、学习地点和学习环境的学生有机会获取更高质量的个性化教育。利用网络教学平台进行教学已经成为高等教育的一项重要教学实践。

“混合式”教学模式是何克抗教授在2003年的全球华人计算机教育应用第七届会议

上做了有关混合学习概念的论述之后，开始在教育技术领域传播的。混合教学虽然是个新名词，但是混合教学的理念却由来已久，并且已经被广泛应用于企业培训和教学中。这种教学模式恰当的结合了传统教学和在线教学两种教学方式，使这两种教学方式在教学中各展所长，共同作用于教学，从而提高了教学质量。混合教学模式是信息化教育快速发展的产物，实施基础是高校网络教学平台。作为一种新型的教学模式，我国学者目前对这种教学模式的理论和实践研究还不够，但是，它目前已经被广泛应用于高校教学实践中，因此需要根据高校使用网络教学平台的现状对其进行理论和实践上的进一步研究，以期改善在高校网络教学平台中混合教学模式的教学现状。

高等教育是整个国家教育体系的重要阶段，其质量将直接影响一个国家的核心竞争力。因此，对有助于更好发挥高校网络教学平台优势的混合教学模式的研究是十分必要的。

二、国外对于混合教学模式的研究现状

国外学者对混合教学模式理论基础、内容和形式、要素和影响因素等方面进行了理论研究，对混合教学模式的应用模式方面进行了实践研究，其研究成果可总结归纳为如下几方面：

（1）在探索混合教学模式的理论基础方面，英国的 Philip Barker 教授在赫特福德大学混合式学习第一届会议上提出：混合式教学的理论基础是建构主义、认知主义和绩效支持的有机整合。

（2）在探索混合教学模式的内容和形式方面，Harvi Singh 和 Chris Reed 认为：混合式学习包括传统学习方式和网络学习的混合、离线学习和在线学习的混合、自定步调的学习和实时协作学习的混合、现成内容与定制内容的混合、结构化和非结构化学习的混合、工作和学习的混合。他们还认为混合式学习的形式包括同步物理（教室）形式、同步在线形式和自定步调的异步形式。

（3）在混合教学模式的要素和影响因素方面，Badurl Khan 认为混合式学习包括八个影响因素：教学机构、教学要素、教学技术、学习界面设计、评估、管理、有意义的学习环境的支持和伦理因素；Jared M. Carman 认为：混合式学习有五个要素：实时事件、自定步调的学习、协作、评价和绩效支持材料；Matt Donovan 和 Melissa Carter 认为混合式学习的关键因素是在适当的时间、适当的地点、使用适当的混合方式为适当的学习者实施教学，也就是要考虑学习地点、信息传输技术、时间的安排、教学策略等。

（4）在混合教学的应用模式方面，美国学者 Barnum 和 Paarmann 提出关于混合式学习的四段模式，这四个步骤分别为：基于 Web 的传输、面对面加工、形成一定的产品、协作扩展学习。印度学者 Purnima Valiath 提出：混合式学习包括技能驱动型模式、态度驱动型模式和能力驱动型模式。

（5）混合教学模式被广泛地应用于国外在国外企业培训中，并且取得了显著的效果。在教学方面，国外的混合教学模式也发挥了很大的作用。许多国家为促进网络教学的发展投入了大量的人力和物力。在美国，有 3000 多所公立与私立大学建立了正式的网站，95% 的学校建立了无线网络，并为学生提供在线网络课程的注册，让学生能够在学校网页

上获得在线网络课程,网上杂志以及课程参考资料等各种网络服务。美国有400余所高校和学院在学校网站上提供远程学习,学习的课程基本覆盖了高校所有的专业学科。美国高校已基本由传统教学方式转向了基于网络教学的教学方式。在英国,网络教学也开展较早,很多英国高校对开拓中国的教育市场有很高的积极性,西交利物浦大学的设立有力证明了这一点。

三、国内对于混合教学模式的研究现状

国内学者对混合教学模式概念、分析角度、分类等方面进行了理论研究,对混合教学模式的过程的设计方面也进行了理论方面的研究,研究成果总结归纳为如下几方面:

(1)混合教学模式是何克抗教授在2003年的全球华人计算机教育应用第七届大会上提出了混合学习的概念之后,开始在教育技术领域传播和使用的。混合学习是一个新概念,但是它的思想和理念却是由来已久的。何克抗教授把混合式学习定义为传统学习和网络学习两者优势的结合。他认为基于混合学习的教学模式也应与以往不同,教学过程中既应充分发挥教师的主导作用,又应尊重学生的主体地位,他认为这种教学模式更适合我国的教育思想,因此他提出了"主导—主体"教学模式,并且根据这一理论设计出了混合教学模式的教学系统设计图。

(2)李克东教授认为混合式学习之所以频繁地被企业和高校使用是由于人们对网络学习进行了反思。他指出:混合式教学模式不是网络教学和面对面教学的简单相加,而是涉及了不同媒体的混合、不同传输通道的混合、不同教学环境(课堂教学与网上学习)的混合,更应包括不同教学理论(识知主义、行为主义、建构主义)的教学模式混合、教师主导活动和学生主体参与的混合、课堂讲授与虚拟教室或虚拟社区的混合等。他认为混合学习的本质是最优化信息传递通道的选择。

(3)祝智庭教授认为:混合教学包括多种教学媒体的混合、多种学习模式的混合以及不同学习内容的混合。

(4)黄荣怀教授认为:混合教学包括学习理论的混合、学习方式的混合、学习资源的混合、学习环境的混合及学习风格的混合。

(5)张立新教授认为:从混合的角度、结构、关系以及混合的复杂程度这四方面将混合式学习分为四个层次:组合的混合式学习、整合的混合式学习、协作的混合式学习和扩展的混合式学习。

(6)余胜泉教授认为:网络环境下混合式教与学主要有建构性学习环境设计、课堂教学、在线教学和发展性教学评价等四个主要环节。

国内的混合教学模式也被普遍应用于企业培训和高校教学两个领域。在企业中它帮助企业更加高效的培养企业所需的人才,在高校中它有助于调动学生的学习动机,提升教学效率。网络教学平台是为高校网络教学提供支持的软件系统,它的出现是互联网和信息技术发展的必然选择。混合教学模式需要凭借网络教学平台完成教学。目前,全球网络教学平台主要分为以下四类:第一类是国外的商业化平台,它们一般开发和使用的费用较高,但是能为用户提供很好的服务,平台性能较好。这些平台技术力量雄厚,成熟稳定,服务费用较高,如Blackboard教学平台。第二类是国内的商业化平台,如清华大学的

THOEL 网络教学平台、南京易学教育软件有限公司开发的天空教室等，国内的网络教学平台更适合我国的教学需要，较符合我国高等教育的实际教学和管理现状；第三类是各高校根据本校师生和教学的需求自主研发的、仅在本校范围内开放和使用的网络教学平台，这类教学平台针对高校自身的特点和需求开发，开发所耗费的人力物力不高，但是可能会在兼容性和适应性方面不如前两类平台；第四类是开源软件，由于这些软件是开源代码，用户可以根据自身情况对这类软件源代码进行部分改造来满足自己的教学或学习需要，这类平台也有很多，如 Moodle 平台。

目前，我国高校主要使用五个网络教学平台：Blackboard、天空教室、清华在线、4A 网络教学平台和网梯网络教学平台。全球有接近 4000 所高校和其他教育机构在使用"Blackboard"网络教学平台及其产品，其中包括很多国际著名高校，如：哈佛大学、斯坦福大学、剑桥大学、牛津大学等，也包括许多我国国内的知名高校，如北京师范大学、清华大学、北京大学、中国人民大学等；使用清华大学自主开发的网络教学平台——清华在线的高校有西安交通大学、中央民族大学、西南大学、南开大学和南昌大学等；使用南京易学教育软件有限公司开发的网络教学平台——天空教室的高校有南京大学、东南大学、华东交通大学、宁波大学、江苏科技大学和杭州师范大学等；使用余胜泉教授主持开发的 4A 网络教学平台的高校有北京师范大学和中南大学；使用北京网梯科技发展有限公司开发的网梯网络教学平台的高校有西南科技大学，北京交通大学和福建师范大学等。

第二节　网络教学平台混合教学模式的概述及理论基础

一、网络教学平台混合教学模式相关概念的界定

（一）网络教学平台概念的界定

北京师范大学余胜泉教授、何克抗教授认为：网络教学平台是建立在通用的互联网基础之上的，专门为基于双向多媒体通信网络的远程教学而提供全面服务的软件系统。谢晓林等认为：网络教学平台作为网络教学和学习的一个相对完整的支撑环境，要能够全面、有效地支持网络环境下教师的教和学生的学。

归纳上述专家对网络教学平台概念的表述，网络教学平台在本书中定义为：基于网络的虚拟学习环境，为网络教学的实施提供相应的学习工具与服务支持的软件系统，网络教学平台的建设和稳定是保证网络教学能够顺利实施的重要基础。网络教学平台为教师的教学活动提供全程的跟踪和管理，支持学习资源的存储、创建、发布与共享，并且为学生的学习活动提供了多种学习工具，如导航工具、交流协作工具、学习管理工具等，来帮助学生的自主学习。与此同时，网络教学平台也针对不同类型的用户提供了不同类型的子系统，包括教师教学子系统、学生学习子系统和管理员的管理系统等。

网络教学平台的引入有以下两点优势：一点是为本校的日常管理提供了便捷的服务；另一点是为本校提供良好的硬件基础。随着 21 世纪科学技术的不断腾飞发展，网络教学平台被国内很多学者给予的称呼也越来越多，如远程教学平台、网络支撑平台等。关于网络教学平台的内涵与定义，张剑平教授认为：将网络教学平台定位的真正意义在于教师能

够将精力完全集中于教学中，并且不需要较复杂的技术工作，从而大大减少网上课程的管理时间，提高成本。

国内主要的网络教学平台及功能。现如今，openACS，Moodle，Blackboard 以及 WebCT 这些熟知的平台都是由国外最先开发的。随着网络教育不断发展和更新，国内很多高校也开始运用国外的新型技术，当前比较稳定的教学平台有清华教育在线、天空教室网络课堂以及电大在线等。目前，我国主要用的平台有天空教室与清华教育在线等。与此同时，网络教学已经成为发达国家不可或缺的一部分，根据 Educause CDS 的数据表明：在国外高校中，有 96% 的高校已经配置了教学平台。92% 的高校至少支持一个，超过了 69% 的高校拥有商业性的教学平台。由此可以看出，国外高校中网络教学平台已经占据了举足轻重的地位。

随着国内教学理念、技术等不断更新与改进，网络教学平台的功能也日益完善。网络教学平台主要具备以下几点功能：①对教师的教和学生的学的支持和管理、网上发布等；②网络课程开发的系统主要为了使教学逻辑的设计更具体、课程内容的进阶更加一目了然以及网络开发工具更加便捷迅速等工作。

从不同学者的不同描述中可以看出，网络教学平台正在逐步成长，其主要功能包括校方、教师以及学生三方面的支持。而本节研究中，本书选取某高校作为研究对象，该高校使用的天空教室网络教学平台，也是从市场直接引进而来，其中包括了教学管理、教学平台以及服务等大部分功能。

在国外网络教学平台的演变及新发展中，很多高校尝试着开发便于他们的网络教学平台，Murray Goldberg 和他的同事们发明了 WebCT 自己熟练操作的网络教学平台。现如今的 WebCT 已经拥有 14 种语言版本。众所周知，Blackboard 是由美国康奈尔大学的学生和老师在完成项目时产生的。因为网络教学平台在教学中的应用得到了不错的反响，所以激发了商业领域对此平台的关注，从而发现了网络教学平台在教育中的前瞻性。20 世纪 90 年代末，出现了比较简单化的网页编辑语言，这一技术的出现，令使用者更方便简单的操作网络课程，也使得教师更有效地管理教学平台，使网络教学成为教育领域中越来越普遍的现象。与此同时，众多商业机构纷纷开发了满足未来教育前景的网络教学平台。到 20 世纪 90 年代末，高校中逐渐出现了网页编辑语言，这种技术不仅可以创新出更多较好的操作教学平台，而且使得众多高校从事网上教育。清华大学的韩锡斌教授和曲宏毅教授，在其著作《网络教学教学平台的研究进展》一书中，将网络教学平台的发展历程划分为四个阶段：第一阶段是单一的学习资源库。学习资源库是一种简单的传播模式，缺乏交互性。它仅用于教师发布信息、管理与共享学习资源等内容；第二阶段是普通的学习管理平台。它具备了在初步进入网络教学平台的访问者所需要的一系列功能，例如新用户注册、访问者的数据存储等；第三阶段已基本具备网络教学平台的基本功能，此阶段已逐步出现了 WebCT、Blackboard 等教学平台，不但具有了用户管理、学生学习进度跟踪功能，还能支持教师设计、创建、发布和管理网络课件；最后的阶段是现代通用的网络教学平台，它结合了上述三个阶段的大致内容，并且对上述内容进行了整合，从而逐步形成了较为完整的网络教学平台。

从设计理念的划分来看，我国著名学者袁松鹤、罗发奋等认为教学平台也可以分为三代。这三代分别是以课程为中心、以活动为中心以及以学生终身学习和个人全面发展为中心。在第二代内容中重点强调以学生为中心，以学生来组织教学，核心在于为支持学生自主交流、探索学习来进行学习合作。而在第三代中，研究的重点是关于学生的适应性和导学性来进行反馈。但此类网络教学平台还处于探索阶段。

目前，国内外的教学平台相比之下其特色与功能显然没有太大差异，但随着网络教育市场的大肆竞争，很多地方教学平台的成本也逐步降低，并且功能也在不断完善，进一步的符合教学管理的需要。网络教学平台是要倡导现代教育技术手段的运用和教学方法的改革。随着信息技术的推广和普及，网络教学平台可以进行辅助教学，提高教师的教学质量，充分调动师生的学习主动性，拓展学生的知识面，培养学生创新能力和探索精神。网络教学平台的诞生不仅为师生提供了丰富的学习资源，还为师生提供了便捷的学习平台。教师不仅可以登录教学平台进行个人课程的申请，学生也可以利用此平台进行交流与学习。网络教学平台正如富有生命的人类是一样的，只有不断更新教学平台的知识与内容，才能保持教学平台的生命与活力。

（二）混合教学模式的概念界定

要给混合教学模式下定义，我们首先要研究什么是教学模式。关于教学模式，国内外学者有不同的表述，本研究借鉴了在国内认可度较高的北京师范大学何克抗教授提出的定义：混合教学是指在一定的教育思想、教学理论和学习理论指导下的、在一定环境中展开的教学活动进程的稳定结构形式。混合教学模式也叫混合式教学模式，它是基于多种理论指导，运用多种教学设备和工具、教材和媒体，坚持以学生为主体、教师为主导的教学理念，将课堂教学方式与互联网教学方式有机结合，建设良好的教学环境，最终达到最优教学目标的一种教学模式。

在混合教学活动中，传统的课堂教学和利用互联网教学是两种最基本的教学形式，这两种教学方式的混合是混合教学模式的教学形式之一，但不是唯一。这里既包括教师在课堂上的讲授和学生网络平台自学的指导相混合，也包括学生在课堂上学习和学生课后的网络平台学习相混合。教学资源和教学环境的混合是混合教学模式顺利进行的基础。混合教学模式能够将面授的优点和网上教学的有点结合，综合了“教为主”和“学为主”的优势，在教学实践中既能显示出教师的主导作用，又能显示出学生的主体地位，使学生在教师的帮助下积极主动地获取知识，最终达到教学目标。混合教学模式与教学模式的混合：两者不是同一概念。混合教学模式是随着网络和计算机技术的发展而产生的一种传统教学和网络教学相结合的一种教学模式，教学模式的混合是指两种或者两种以上的教学模式在课堂中的综合运用。混合教学模式属于教学模式的混合应用，但是不是教学模式的混合这一概念。混合教学模式与混合学习：前者为教学活动，后者为学习活动，两者都是借助传统课堂和网络进行的师生之间的活动，但是混合教学模式是从教师教学的角度来谈教学过程，而混合学习是从学生学习的角度来谈学习过程，二者虽有一定联系但是概念不同。

（三）教学系统设计的概念界定

教学系统设计，即教学设计，它是一种现代化教学技术，它运用系统方法，分析教学过程的各个环节和诸多要素，确定教学问题、解决教学问题，最终实现教学效果最优化。它是基于分析教学需求来确定解决教学问题的步骤。我国目前的教学系统设计主要有以下三类:“以教为主”的教学系统设计、“以学为主”的教学系统设计以及“教师主导,学生主体”的系统模式设计,又称“主导—主体”模式。“以教为主”的教学系统设计强调的是教师在教学中的主体地位,其理论基础是行为主义和信息加工理论基础上。“以学为主”的教学系统设计强调的是学生在教学中的主体地位,其理论基础是建构主义理论。“主导—主体”教学系统设计模式是“教与学”教学系统设计优势的结合,教师在教学中是主导地位,学生在学习中占有主体地位。

二、网络教学平台混合教学模式的基础理论

(一)网络教学平台混合教学模式的学习理论

教学设计的理论基础之一是学习理论。教师在实施混合教学时,要根据教学需要和不同学生特点来选择不同的学习理论来指导教学。这些学习理论主要包括行为主义、认知主义、建构主义以及人本主义等。

1.行为主义学习理论和认知主义学习理论

学习理论是教育教学、教育管理、教育技术等相关教育系统的理论基石。认知主义和行为主义所坚持的立场是客观的。这两种学习理论都认为人类的教学是一种将知识转移到他人大脑中的方式之一。以最高效的方式将知识传授或迁移给学习者是认知主义和行为主义的教学最终目标。认知主义和行为主义之间也存在差异,即认知主义学习理论以强调学生的认知主体作用为主,认知主义同时强调教学中外部刺激(S)与外在的反应(R)和内部心理过程的作用同样重要,也就是说学习的内、外部条件同样重要。认知主义学习理论认为教学是帮助学习者学习的一种内部的心理过程,帮助的手段包括创设一些有助于学习的、适当的外部条件。

行为主义学习理论通常具有明确的教学目标,它强调外在刺激对学习者的学习活动这种行为的重要影响。行为主义学习理论认为:基于外在的刺激的灌输式教学方式有助于增强所授知识的系统性,有助于学习者进行机械化、自动化操作,也有助于教师组织教学、控制课堂节奏。但是,在行为主义理论指导下,学习者始终处于接受知识的被动的状态,自身的学习积极性、主动性和创造性受到压抑。当外在的刺激条件与学习者的知识结构以及准备状态相符时,教学效率较高。这与认知主义大相径庭,在认知主义理论指导下的教学活动能够在教学过程中关注学习者的认知心理,并且能够根据学习者已有的认知结构来组织教学内容,当在教学内容的组织和教学策略的选择上符合学习者的已有认知结构时,教学效率较高。认知主义对学生预期达到的教学目标是基本一致的,所以在认知主义教学理论下便于学生的管理和成绩的评测。它的弱点在于统一的教学目标下,不能根据学生的个性和能力使其达到最佳的发展状态,并且未必每个学生学习都能很好的适应和接受统一的教学习方式。此外,基于认知主义学习理论的教学在复杂知识的获取、高级技能的获得、学生创造力的培养以及学生解决问题能力的培养等方面,教学效率不高。

基于行为主义学习理论和认知主义的学习理论的教学都注重教师的教学,也就是知识如何迁移和传授,他们研究的基本内容都是围绕怎样通过帮助教师备课、组织教学过程来促进教学,学生如何学习的问题往往被忽略。这两种学习理论都有助于教师更好的主

导教学方向、控制教学活动,但是这两种理论都没有照顾到学生在学习中的主体地位。

2. 建构主义理论

建构主义是认知心理学派中的一个分支。建构主义理论的主要代表人物有皮亚杰、科恩伯格、斯滕伯格、卡茨、维果斯基。在这里我们所论述的建构主义主要就是以皮亚杰为代表的。建构主义学习理论认为由于个体的认知发展与学习过程密切相关,因此利用建构主义可以比较好地说明人类学习过程的认知规律,即能较好地说明学习如何发生、意义如何建构、概念如何形成,以及理想的学习环境应包含哪些主要因素等。总之,在建构主义思想指导下可以形成一套新的比较有效的认知学习理论,并在此基础上实现较理想的建构主义学习环境。

建构主义认为,知识不是通过教师传授得到,而是学习者在一定的情境即社会文化背景下,借助其他获得知识的三阶段人(包括教师和学习伙伴)的帮助,利用必要的学习资料,通过意义建构的方式而获得。由于学习是在一定的情境即社会文化背景下,借助其他人的帮助即通过人际间的协作活动而实现的意义建构过程,因此建构主义学习理论认为"情境""协作""会话"和"意义建构"是学习环境中的四大要素或四大属性。"情境":学习环境中的情境必须有利于学生对所学内容的意义建构。这就对教学设计提出了新的要求,也就是说,在建构主义学习环境下,教学设计不仅要考虑教学目标分析,还要考虑有利于学生建构意义的情境的创设问题,并把情境创设看作是教学设计的最重要内容之一。"协作":协作发生在学习过程的始终。协作对学习资料的搜集与分析、假设的提出与验证、学习成果的评价直至意义的最终建构均有重要作用。"会话":会话是协作过程中的不可缺少环节。学习小组成员之间必须通过会话商讨如何完成规定的学习任务的计划;此外,协作学习过程也是会话过程,在此过程中,每个学习者的思维成果(智慧)为整个学习群体所共享,因此会话是达到意义建构的重要手段之一。

学习不是由教师把知识简单地传递给学生,而是由学生自己建构知识的过程。学生不是简单被动地接收信息,而是主动地建构知识的意义,这种建构是无法由他人来代替的。学习不是被动接收信息刺激,而是主动地建构意义,是根据自己的经验背景,对外部信息进行主动地选择、加工和处理,从而获得自己的意义。学习意义的获得,是每个学习者以自己原有的知识经验为基础,对新信息重新认识和编码,建构自己的理解。在这一过程中,学习者原有的知识经验因为新知识经验的进入而发生调整和改变。同化和顺应,是学习者认知结构发生变化的两种途径或方式。同化是认知结构的量变,而顺应则是认知结构的质变。学习者并不是空着脑袋进入学习情境中的。在日常生活和以往各种形式的学习中,他们已经形成了有关的知识经验,他们对任何事情都有自己的看法。即使是有些问题他们从来没有接触过,没有现成的经验可以借鉴,但是当问题呈现在他们面前时,他们还是会基于以往的经验,依靠他们的认知能力,形成对问题的解释,提出他们的假设。

与建构主义学习理论以及建构主义学习环境相适应的教学模式为:"以学生为中心,在整个教学过程中由教师起组织者、指导者、帮助者和促进者的作用,利用情境、协作、会话等学习环境要素充分发挥学生的主动性、积极性和首创精神,最终达到使学生有效地实现对当前所学知识的意义建构的目的。"在这种模式中,学生是知识意义的主动建构者;教师是教学过程的组织者、指导者、意义建构的帮助者、促进者;教材所提供的知识不再是教师传授的内容,而是学生主动建构意义的对象;媒体也不再是帮助教师传授知识的手段、方法,而是用来创设情境、进行协作学习和会话交流,即作为学生主动学习、协作式探索的认知工具。显然,在这种场合,教师、学生、教材和媒体等四要素与传统教学相比,各自有完全不同的作用,彼此之间有完全不同的关系。但是这些作用与关系也是非常清楚、非常明确的,因而成为教学活动进程的另外一种稳定结构形式,即建构主义学习环境下的教学模式。较有代表意义的模式有:支架教学等。

3. 人本主义学习理论

出于对行为主义心理学、精神分析心理学及研究中存在的严重贬低人性和非人化倾向的“不满”,到了20世纪60年代,美国心理学界出现了一场针对行为主义心理学和精神分析心理学的变革运动,这就是著名的人本主义心理学运动。人本主义心理学由此产生,其主要代表人物是马斯洛和罗杰斯等。人本主义学习理论核心内容就是“以学生为中心”。人本主义者一方面反对行为主义把人看作是动物或机器,不重视人类本身的特征;另一方面也批评认知心理学虽然重视人类的认知结构,但忽视了人类情感、价值、态度等方面对学习的影响。认为学习是一个情感与认知相结合的整个精神世界活动。在学生的学习过程中,情感和认知是学习者精神世界不可分割的部分,是彼此融合在一起的。人本主义教育者认为教育的目的在于培养人格健全、完整的人;为了促进学生知、情、意、行协调发展,人本主义学习理论的目标是把学生看作独立的、完整的、有情感的人进行详细并全面的描述和教学。人本主义学家认为,行为主义的机械化教学方式不能体现人类自身的特性,它将人类学习活动与动物学习行为混淆起来。认知主义虽注重了人类认知结构的研究,但是忽视了人类的态度、情感以及价值观等最能展现人类自身特点的和影响学习的因素。而人本主义学家关注的重点在于学习者的个人知觉、信念、情感以及意图,他们认为这些因素才是导致人与人在学习方面产生差异的根本原因。因此,人本主义学家强调在建立学习情境时要以学生为中心。人本主义学家罗杰斯认为:人类学习的愿望和学习潜能是与生俱来的,这是一种必然存在的心理倾向,只要提供适合的条件它就能释放出来;学习的积极性最易激发的时刻是当学习者认为学习内容与自身需要有关联的时候;学习者只有在他们认为有心理安全感的环境中,才能够更好的学习;教师的认为不仅仅是教授知识,也不是教授学习者如何学习知识,而是要为学习者提供适当的学习手段,并让学习者自己决定该如何学习。

从学习理论发展历史中,我们就可以看出,学习理论的产生、演变和发展并不是一种简单地替代关系,而是一种吐陈纳新的继承与扬弃的联系。混合式教学实践充分融合了这种发展融合的趋势,将教师的角色定位为学生学习的“引导者和促进者”。教学是一个复杂过程,既包括教师的“教”又涉及学生的“学”,也涵盖着教学环境和教学手段。不能将这个过程简单化或者单一化。由此,各种观点差异的学习理论,在不同学习环境和学习阶段中应是一种互补关系,而非相互对立与排斥。混合式教学实践充分反映了教育工作者对知识以及学习本质认识的理解不断深入和发展。

(二)网络教学平台混合教学模式的教育传播学理论

混合教学是一个信息传播的过程,因此教育传播学理论也是其理论基础。教育传播学认为,教育是一种特殊的传播系统,它由四个基本要素构成,这四个基本要素分别为教育者、受教育者、教育媒体和教育信息。教育信息是指教育活动中传授的知识技能、思想观点和行为习惯等的总和,它是构成教育传播系统的一个基本要素。教学媒体是教育系统的传播渠道,在教育传播系统中,教育者与受教育者通过教学媒体进行信息的交流,因此,在教育活动中选择适当的传播媒介是非常重要的。

马歇尔·麦克卢汉(加拿大著名传播学家),他在其《媒体通论:人体的延伸》一书中提出:媒体是人体的延伸,对传播学理论产生了巨大的影响。施兰姆(美国著名传播学家)提出:“媒体选择定律是用来解释人类选择和使用哪种媒体的行为的原因的。其定律用公式表达为:预期选择概率 = 可能得到的报酬/需要付出的代价。”在媒体选择定律中,教学会被预期选择的概率为教学可能得到的报酬与教学需要付出的代价成反比,表明人们往往会选择以小的成本来换取可能得到的更多的报酬,通俗来讲就是说人们越是小成本、大产出的教学媒体,越容易被人们所接收和选择。

(三)网络教学平台混合教学模式的教育心理学理论

教育心理学是一门边缘科学,它介于教育科学和心理科学之间,重点关注于教育实践领域中的各种与教育相关的心理问题的研究。因此,无论是传统教学还是网络教学都离不开教育心理学的理论支撑。教育心理学家中的多元智能理论在网络教学中能够为教学方式理论指导。美国教育心理学家加德纳提出的多元智能理论将人类的智能分为:语言智能、数理逻辑智能、视觉空间智能、运动技能、音乐智能、人际交往智能、内省智能以及自然探索智能。多元智能理论倡导一种积极的学生观,因材施教的教学观和多种智力相结合的评价观。

教育心理学的重点在于将心理学的理论运用到教学中,教师以心理学作为视角的基础,培养自己正确的教学观念,在教育的过程中观察学生的身理、心理变化,科学合理的进行指导,进而让教育更加的顺利、便捷,学生的价值观也得到了正能量的熏陶。随着素质教育不断地发展,高校中对于教育心理学的理论基础作用愈来愈重视。教育心理学认为人是在智力、人格、学习能力、迁移能力、学习动机等各个方面都是有个体差异的,所以我们在教学的过程中要做到因材施教。混合教学模式应用于高校网络教学平台中,可以更好的照顾到学生的个体差异,调动学生的学习动机,让学生实现个性化学习。

第三节　网络教学平台混合教学模式的教学系统设计

一、基于网络教学平台的混合教学模式的应用现状分析与研究

(一)影响网络教学平台的混合教学模式教学效果的主要因素

从教育学理论出发,教学的三要素为教育者、受教育者和教育媒介。因此,影响学生在高校网络教学平台混合教学模式下学习效果的因素主要有教师、学生和网络教学平台。在教师方面,师生的互动策略为影响混合教学效果主要影响因素。在学生方面,学生的学习动机和学习效能为影响学生学习效率的主要影响因素。在网络教学平台方面,平台的运行状况和平台资源的利用度为影响师生教学和学习的主要影响因素。

1. 师生互动方式

教师无疑是教学中的重要因素，其在教学设计、课程安排、教学互动中占有主导地位。无论是在传统教学还是在网络教学模式下，教师采取什么样的互动策略都会严重影响学生学习的学习积极性、学生对教学方式的认可度、学生对教师引导的配合度等，所以，师生互动策略的选择是影响高校网络教学平台混合教学模式的首要因素。师生交互策略主要包括：学生对教学设计的满意程度，教师、学生在学习中的地位，学生问题反馈的及时程度、师生的交流机会。

2. 学生的学习动机和学习效能

学生是学习的主体，激发学生自主学习的动机，培养学生的自主学习意识在高校网络平台教学中十分重要。在教学中，尤其是在高校网络教学平台混合教学模式下的教学中，教师如果能充分激发学生的学习动机，那么在教学中会达到事半功倍的效果。学生学习动机维度在本研究中包括学生的学习目标明确程度、学习方式、学习观念、学习动机、自主学习能力及已有知识对学习的影响。

学习效能是指学生对自己能否顺利完成学业任务的能力的信念。它是影响大学生控制学习行为和增强学习自信的重要条件。学生学习效能感的增强，会使学生在学习过程中始终保持充足的信心，激发学生迎难而上的信念，有效降低学生在学习中退缩行为的发生。它会影响学生在学习过程中的情绪、对自我的认识和对学习的努力程度，还会影响学生在学习中的经验总结和进一步的学习。学习效能维度在本研究中包括学生的学习效率、自我管理能力、信息素养能力、协作学习能力及批判性思维能力。

3. 平台的运行状况以及平台资源的利用度

网络教学平台是高校利用混合教学模式教学的重要载体，为混合教学模式的实施提供了重要媒介。网络教学平台的运行状况与网络教学混合教学模式的顺利实施密切相关，一个成熟稳定的网络教学平台是网络教学的先决条件。网络教学平台的良好运行，为教师与学生的沟通提供了桥梁，节约了教师发布信息、上传教学资源、网上答疑等教学活动的时间，也为学生学习教学内容、下载教学资源、上传作业、在线讨论等学习活动提供了便利。

除了网络教学平台的运行状况，网络教学资源库的建设也对会教学效果产生重要影响。网络教学平台中课程数目、学生数量和被访问次数越多，越需要建设一个资源数量巨大，种类丰富的教学资源库。网络教学平台中资源的利用率的提高有助于学生学习绩效的提高。网络教学平台的资源利用维度在本研究中包括平台的运行状况、平台的资源数量和质量、平台资源的利用率和共享率及学生对网络教学平台学习的满意度。高校网络教学平台除了服务于高校师生，也在逐步走向开放，接受个人和社会群体的访问，因此需要建立一个并发数高，能承载较大学习资源库并良好运行的网络教学平台。教学实施过程中存在许多不可预测和提前设定的条件，除了以上影响教学效果的因素，还存在其他的一些影响因素。例如，学生学习的硬件条件、学生自学的环境、学生在学习过程中遇到的困难等，都是很难依靠教师在教学设计之初能预测到的，这些需要教师在教学实施的过程中发现并解决。

（二）混合教学模式的应用现状分析与研究

由于国家政策的倾向和人力物力方面的支持，目前各高校对网络教学平台教学的建设和发展都比较重视，各高校网络教学平台目前以本科教学为主，开设选修课程比专业课程数目多，在高校教学中起辅助作用。高校学生对网络教学平台的混合教学模式的热情度较高，授课时间空间自由度大，教学效果良好。但是，在平台学习过程中遇到困难时，较少学生在平台上进行答疑与讨论，而是倾向于与同学合作解决，或者利用网络教学平台之外的方式向教师提出疑问。此外，学生对网络教学平台资源的利用度不够，在学习过程中资源分享意识仍有欠缺。

高校网络教学平台运行状况良好，综合类大学因其学校规模和师资力量的原因，平台资源更加丰富，开设课程和在线学习的学生数量也较多。基于高校网络教学平台的混合教学模式以其自由的学习时间和学习空间受到广大学生的喜爱，学生对这种新的教学模式有新鲜感和学习积极性，认为在网络教学平台上学习能提高了自己的自学能力和协作学习能力，学习效率较高。但是，大多数学生希望增加与教师的交流机会，得到更多的引导和反馈，增加平台中能引发自身学习兴趣的资源。高校广泛建设了网络教学平台，并且能够良好运行，但是，各高校网络教学平台中的资源建设程度存在差异。教师根据课程对运用网络教学平台混合教学模式的课程进行合理安排，但是，在教学过程中学生较少在网络教学平台上进行提问与讨论，更倾向使用网络教学平台之外的方式与教师沟通和交流。学生对于在网络教学平台混合教学模式的学习的积极性较高，但是学生对网络教学平台的资源利用度有限，需要适当的增加网络教学平台资源的数量与种类。学生的自主学习观念有待转变、自主学习能力有待提高，并且要适应网络教学平台混合教学模式仍需一个漫长的过程。

（三）应用网络教学平台混合教学模式中存在的主要问题

网络教学平台混合教学模式虽已经在高校得到较为广泛的推广和应用，但是学生在网络教学混合教学模式的学习过程中仍存在以下几方面的问题：①各高校网络教学平台中的资源丰富程度存在差异，并且学生对网络教学平台的资源利用度不够，在混合教学模式下学生网络教学平台自主习效率有待提高。②学生对混合教学模式的热情较高，但是在网络教学平台的混合教学模式下，在教学过程中学生较少在网络教学平台上进行提问与讨论，需要教师引导学生改变学习方式、改进学习观念，激发学生自主学习的内驱力。③各类高校在应用网络教学混合教学模式的使用方面存在差异，在网络教学平台混合教学模式的师生交互策略方面，综合类大学优于师范类大学和财经类大学；在师生交互策略、学习动机及平台资源利用三个维度上男生优于女生；网络教学平台的混合教学模式在各专业的应用上没有差异，适合应用于文史类、理工类、医学类和艺术体育类各学科。④高校平台的资源建设有待加强，需要根据学生的需要增加教学资源的数量和种类。⑤基于网络教学平台混合教学下，学习的评价机制有待改善，需要对学生进行多角度的综合评价。高校对网络教学平台的建设，尤其是资源建设不够，以致网络教学平台混合教学模式在高校学生学习中未能充分发挥其优势；学者们对高校网络教学平台的混合教学模式的理论和实践研究不够，混合教学模式自身发展不够完善，教师的教学还在摸索阶段，这对教师的教学产生了较大影响；在新的教学模式下使用新的教学手段——高校网络教学平台,学生的学习方式和学习观念仍停留在传统教学学习方式阶段,以致学生在网络教学平台混合教学模式下自主学习效率不高;基于网络教学平台混合教学模式对学生的评价方式单一,应使用教师、学生、网络教学平台学习情况、课堂考勤、课程作业、期末考试等多维度对学生学习情况进行评价,评价方式的多元化能有效提高学生的学习动机。总之,基于高校网络教学平台混合教学模式需要一个教学系统设计来合理规划教学过程,选择教学策略从而解决上述问题,达到促进教学、提高教学质量的目的。

二、教学系统设计的基础理论依据

基于高校网络教学平台混合教学模式教学系统设计的理论依据包括网络传播理论、自主学习理论和"主导—主体"教学模式理论:

(一)网络传播理论

网络传播是信息技术发展的产物,它以多媒体、网络化以及数字化技术为核心,它是一种国际互联网络。网络传播具有即时性、个性化、传播成本不高、多元性和权利平等性等特点。所以高校利用这种新的传播方式,即网络教学平台教学充分发挥了网络传播的优势,能促进高校的教学。

(二)自主学习理论

自主学习是指学生自觉主动地确定学习目标、创造学习环境、自主选择学习方法、自行监控学习过程、自我评价学习结果的过程。能动性、独立性、异步性和非时空性等是自主学习这种学习活动的显著特征。

(三)"主导—主体"教学模式理论

"主导—主体"教学模式理论是何克抗教授提出的"以教师为主导、学生为主体"相结合的新的教学系统设计模式,它将"以教为主"和"以学为主"的教学设计模式进行了结合,避免了在教学过程中只使用一种教学模式而产生的"满堂灌"或者"盲目学"的不良现象,能够使学生利用更合理化的学习策略来帮助自己掌握学习内容、提升自学能力,从而达到优化教学过程的目的。将以教师为教学主导的教学模式和以学生为学习主体的教学模式的优势相结合是该模式的最终目的。

三、教学系统设计的流程

基于高校网络教学平台的混合教学模式的教学系统设计,该教学系统设计包括以下三方面:①构成混合教学模式系统的因子分析;②各因子之间的关系分析;③最终的教学系统设计。

(一)构成混合教学模式系统的因子分析

根据教育学理论,教育的三个要素为教育者、受教育者和教育媒介,其中教育媒介包括教学环境、教学内容、教学目标和师生交互方式等教育影响因素。由于基于网络教学平台的混合教学模式教学属于教育活动的一种特殊形式,所以基于网络教学平台的混合教学模式模型因子也从这三个要素来分析,包括教育者即教师、受教育者即学生、教育媒介即网络教学平台、教学内容、教学目标、教学计划、教学策略,共七个因子。

（二）各因子之间的关系分析

上述七个因子之间存在着一定的关联，在高校网络教学平台混合教学模式下，教师是教学的引导者，学生是学习的主体，教学过程教师既利用网络教学模式又利用传统教学模式，所以基于网络教学平台混合教学模式的教学活动中教师与学生存在两种交互方式，第一种是直接交互，包括面授课上的面对面交流、电话交谈以及利用网络教学平台之外的交互工具进行交流，如微信、微博等；第二种是间接交互，即通过网络教学平台进行交互，教师将教学计划、教学目标、教学内容和教学策略通过网络教学平台传递给学生，学生经过在教师引导下的学习通过网络教学平台对教师的教学计划、教学目标、教学内容和教学策略进行学习做出反应，教师再给予相应的反馈，这两种交互都是双向的，教师和学生通过直接交互和间接交互，形成了教学的良性循环。

（三）基于网络教学平台的混合教学模式的最终教学系统设计

无论是以教为中心还是以学为中心或是教学并重的教学模式，他们的教学系统设计的基本要素主要包括以下五点：教学目标分析、学习者特征分析、教学模式和策略的选择与设计、学习环境设计、教学设计结果的评价。该教学系统就是根据这五个方面进行设计的。

1. 教学目标分析

教学目标是教学活动的最终指向，它能指明教学活动的方向。所以该教学系统设计将分析教学目标置于首位，教学目标有三个维度：知识与能力维度，过程与方法维度，情感态度与价值观维度。高校的教学目标一般由课程大纲给定或由任课教师制定，教师在教学过程中首先要从以上三个维度正确的分析和具体化教学目标，以保障教学的方向。

2. 学习者特征分析

学习者是学习的主体，学习者特征分析包括教师对教学对象的认知发展特征、起点水平、认知结构、学习风格、学习动机等方面的分析。该教学系统设计的对象是使用高校网络教学平台混合教学模式学习的在校学生，他们已经具备抽象思维的能力，至于其知识起点水平、认知结构、学习动机和风格，则需要教师在教学过程中具体问题具体分析。

3. 教学模式和策略的选择与设计

该教学系统设计的教学模式为混合教学模式，教学方式是传统教学和网络平台教学相结合，教学策略是在教师的引导和启发下学生预先进入网络教学平台进行自主学习，教师根据需要在教学重难点上或学生的自主学习遇到障碍时，将传统教学适时的带入教学中，激发学生自主学习动机，帮助学生顺利完成学习过程，达到教学目标。

4. 学习环境设计

该教学系统设计中需要为师生创建的教学环境有两种：传统的课堂环境和基于网络教学平台为的网络教学环境。二者根据教师教学设计和教学需要交叉使用。教师也可根据教学需要，增加其他网络交流方式。

5. 教学设计结果的评价

教学评价是依据教学目标对教学过程及结果进行价值判断并为教学决策服务的活动。该教学系统设计中的教学评价是多元的、整体的，既包括教师对教学过程和学生学习效果的评价也包括学生对教师教学和学习的自我评价，不是单一的利用学生成绩的评价。

教学评价并不意味着教学活动的结束,而是展开下一轮教学活动的起点。教学评价完成之后,教师需要根据教学评价对教学活动进行总结,修改教学,为下一轮的教学活动的开展积累经验,预先拟好对策,避免再次出现这轮教学中产生的问题,这也是教学系统设计所必需的反馈机制。

该教学系统设计以学生的自主学习为主线,体现了教师为主导,学生为主体教学模式理论,教师的引导、启发、评价、反馈贯穿始终,根据调查问卷数据统计结果和访谈调查结果,相关研究人员发现超过半数以上的学生认为教师应该在网络教学平台混合教学模式中应该扮演引导者的角色。在学生自主学习遇到问题时该模式下有三种解决途径:学生对教学内容没有完全理解,进行二次学习;学生在网络教学平台上与其他学生共享资源和学习经验,协作解决问题;学生在平台上或通过其他途径向教师反馈,教师一对一或者一对多的进行指导、答疑,从而达到教学目标。传统教学方式的介入是教师根据教学经验、学习者特点及学生学习需要,由教师和学生商定的,教师的教学计划根据学生的学习情况按照教学需要进行调整。该教学系统设计图加入了对教学过程的反馈机制,一轮的教学活动结束之后,教师和学生可以根据这轮教学和学习中所存在的问题提意见,教师可将这些意见作为改善教学的依据,对下一轮教学活动进行修改。

在教学实施过程中,存在许多不能预测和提前设定的条件,除了以上教学系统中考虑到的影响教学效果的因素,还有其他未知的一些影响因素,比如:学生学习的硬件条件、学生自学的环境、学生在学习过程中遇到的困难等,都是很难依靠教师在教学设计之初能预测到的,这些需要教师根据教学经验在教学实施的过程中发现并灵活解决。

四、教学系统设计的应用实例

(一)某网络教学平台的应用现状

基于网络教学平台混合教学模式的教学系统设计,为了验证其可行性,相关研究人员选取了一所高校做了该校网络教学平台上某课程混合教学模式的应用示例。该校为一所规模较大的综合类大学,采用的是 THOEL 网络教学平台,该网络教学平台是清华大学现代教育技术中心开发,平台于 2004 年开始投入使用,共有网络课程 6627 门,包含文、理、工、医四大学科。平台的运行由该校现代教育技术中心管理。平台使用域名访问,教师、学生和其他访客均能通过互联网进入平台。截至 2019 年 1 月,该平台的总访问量达约 1.3 亿人次,资源总量达到 10217 个,该平台的使用对象包括该校从本科生到博士生所有层次的学生。该校的网络教学平台包括的子系统有学生学习系统、教师教学系统和平台管理系统。其中,学生子系统和教师子系统包含很多内容,例如:课程介绍、课程通知、学习材料、课程作业、答疑讨论、成果展示、课程共享、个人空间、课程管理等模块。网络教学平台的维护与更新是建立在平台的管理子系统之上。而网络教学平台给学习者和教学者,以及教与学的过程都提供教学资源库。与此同时,学生与老师能够上传他们认为有用的资源。管理者能够通过设置权限,筛选教师和学生上传的教学资源。

(二)某网络教学平台一门课程的混合教学模式的教学系统设计

为了验证教学系统设计的实用性,该研究以某综合高校的校园网络教学平台中开课时间最长、选课学生专业背景最为广泛的公选课——数字媒体技术基础为例进行教学系统设计。

数字媒体技术基础是一门针对该校本科生开放的基于网络教学平台的公共选修课，学生人数 120 人。该课程是一门集基本理论、实践和创意设计于一体的综合性课程，主要介绍数字媒体（网络、多媒体）信息传播的基本概念、特点、编辑处理和传播设计方法。

1. 分析教学目标

数字媒体技术基础的教学目标是通过本门课程的学习，要求学生掌握数字媒体传播所涉及的常用多媒体计算机应用技术，学会利用各种编辑软件对多种不同的媒体数据进行采集、编辑处理和进行创意设计。

2. 分析学习者特征

数字媒体技术基础这门公选课的学生为该校从大一到大四的本科生，专业不限。由于选课学生的年级、专业的广泛性，所以学习这门课程的学生的知识起点水平不一、学生的认知结构有较大差异，为教学带来了一定难度。

3. 教学设计

数字媒体技术基础这门课程的性质为公共选修课，选课学生来自全校不同专业不同年级。因此，研究根据对教学目标和学习者特征的分析，确定该课程的教学模式适合采用基于网络教学平台的混合教学模式，在教师引导下的个性化的学习适合于学习者特征较分散的学习群体。教学流程可如下安排：网络平台学习入门导航（传统教学）—学生根据网络教学平台上的学习目标和课程大纲制定对本学期本门课程的学习计划（网络平台自学）—教师讲授相关概念引导学生学习第一节教学内容并布置本节学习任务（传统教学）—学生进入网络教学平台自主学习完成学习任务（网络平台自学）—学生在自学中遇到问题教师引导答疑（传统教学网络教学并用）—达到本节学习目标—进行教学评价，根据评价结果修改教学—进入下一轮教学。教师在传统教学过程中可综合使用多种教学方法，如讲授法、谈话法、启发法、分组教学法等，学生在网络教学平台的自主学习过程中教师可引导学生进行合作学习，分组学习等多种学习方式，教师在网络平台引导和答疑中也可以使用辅助工具。

4. 教学导航

基于高校网络教学平台环境下的混合教学模式，数字媒体技术基础的教授方式主要包括网络在线教学和传统课堂教学，因此其教学导航方式对应的也包括教师在线导航和课堂导航。而且，围绕教学开展的导航活动有着明确统一的目的性，即为提升学生的学习效率而服务。此外，两种导航形式有着各自的特色与优势，在线导航能及时地引导学生自主学习，而课堂导航更适宜集中地帮助学生释疑解惑。在导航课堂上，教师总结前一阶段学习情况，采取实名点评优秀作业和隐名点评倒数十位同学作业的形式，积极对学生作业进行评价并给予及时反馈，进一步指出此学习阶段知识要点、重点和难点，并有意识地引导学生开始下个阶段的自主学习。与此同时，积极鼓励学生的在线学习和借助 QQ 群等媒介工具进行合作学习，并分阶段性地在 QQ 群内发布学生借助平台进行课程学习的排行情况，形成学习竞争的良好氛围，激励学生提升学习的参与度和活跃度。

5. 教学评价

在教学过程中和教学活动结束后，教师和学生均可进行教学评价，教师可根据评价结果总结经验，调整后续教学活动的教学策略，激发学生的学习动机；学生可根据评价结果，发现自己学习中的不足，调整学习方式，提高学习效率。

基于高校网络教学平台的教学系统设计是动态的、多元化的，在该教学系统设计中，设计了对教学活动的反馈机制，教师可以根据教学需要修改教学，学生也可以在学习过程中调整自己的学习状态。该教学系统体现了教师主导，学生主体的教学理念，知识是在教师的引导下学生自主探索和建构的，而不是教师直接灌输给学生。这样能充分调动学生的积极性，达到改善教学效果的目的。国内外对高校网络教学平台教学十分关注，但对于高校网络教学平台的研究主要集中在网络教学平台技术层面，是关于网络教学平台自身特点、种类、本质、发展历程的相关研究，而对高校网络教学平台的教学模式的应用模式、应用原则、应用方法研究较少，尤其是对高校网络教学平台混合教学模式应用方面的研究。

各高校网络教学平台中的资源丰富程度存在差异，并且学生对网络教学平台的资源利用度不够，在混合教学模式下学生网络教学平台自主学习效率有待提高；学生对混合教学模式的热情较高，但是在网络教学平台的混合教学模式下，在教学过程中学生较少在网络教学平台上进行提问与讨论，学生的学习方式、学习观念需要改进；各类高校在应用网络教学混合教学模式的使用方面存在差异，在网络教学平台混合教学模式的师生交互策略方面，综合类大学优于师范类大学和财经类大学；在师生交互策略、学习动机及平台资源利用三个维度上男生优于女生；网络教学平台的混合教学模式在各专业的应用上没有差异，适合应用于理工类、文史类、医学类和艺术体育类各学科；高校平台的资源建设有待加强，需要根据学生的需要增加教学资源的数量和种类；基于网络教学平台混合教学下，学习的评价机制有待改善，需要对学生进行多角度的综合评价。

随着信息技术、互联网技术的迅速发展和网络设备的更新换代，信息的传播速度日趋加速，传播渠道也会日益增多。随着人们共享意识的增强，网络教学平台逐渐向全国乃至国际化发展，人们能够共享到更多的资源，提升人类整体的智慧和能力。当前，各类网络教学平台日趋成熟、稳定，混合教学模式也在企业和高校中应用广泛，基于高校网络教学平台的混合教学模式会在高校中越来越广泛的应用，更多的辅助高校教师的教学工作，为我国培养出更多高质量的人才。虽然目前国内外学者对基于高校网络教学平台混合教学模式的实践研究不多，但是以目前教育技术学的发展趋势来看，我们有理由相信学者们在未来的研究中对于基于高校网络教学平台混合教学模式，无论是在理论研究还是实践应用研究方面都会逐渐增加。

第五章　翻转课堂网络教学系统的设计与开发

第一节　翻转课堂学习理论基础及教学模型设计

一、翻转课堂提出的背景

数字化学习与传统学习方式相结合的混合学习成为一种新的学习模式，已被证明是比单纯的网络学习更高效的学习方式。翻转课堂作为一种典型的混合学习模式，结合了网络教育与课堂教学的优势，在实践中受到了众多的学生的欢迎。计算机和网络通信技术的发展为翻转课堂的实施提供必要的信息技术支持。但我国目前还没有专门服务于翻转课堂的网络教学系统，教学实践需要一种能为翻转课堂提供支持的网络教学平台。计算机技术和网络通信技术的高速发展，使教育模式发生了重大变革。从20世纪90年代出现网络教学至今，网络教学已经从简单的资源共享发展到了可以作为完全独立的教学手段。我国各大学也都推出了精品网络课程，大力发展远程教育。随着网络教育的发展，当前国际教育技术界的共识是，只有将传统学习与网络化学习结合起来，使二者优势互补，才能获得最佳的学习效果。

混合学习（B-Learning）就是要把传统教学方式的优势和网络学习（或数字化学习）的优势结合起来，以达到最好的教学效果。混合学习已经成为一种新的学习模式，数字化学习与传统学习方式相结合，自主学习与协作学习相结合，使学习方式更加灵活，既能发挥教师引导、启发、监控教学过程的主导作用，又能充分体现学生作为学习过程主体的主动性、积极性与创造性，它将成为网络教育发展的未来。焦建利对1996年到2008年所完成的一些研究进行了梳理总结，获得了混合学习是最有效的教育模式的结论。作为一种典型的混合式学习模式，翻转课堂模式从一出现就受到了学生广泛的欢迎，真正使学生学习超越了时空限制，促进了学生更加积极、主动地投入到学习之中，也使学生更易于得到个别化的指导。这使得翻转课堂在许多国家都得到了广泛关注。翻转课堂的推动主要得益于开放教育资源运动（Open Resource of Education，简称ORE）。美国麻省理工学院自从启动了开放课件（Open Course Ware，简称OCW）项目后，便将校内所有系科和研究所的课程教材都发布在互联网上，任何都能免费学习，这种共享理念受到众多高校的支持与追随，慢慢形成了开放教育资源运动。许多知名大学独立启动实施了各具特色的开放工程项目，开发自己的课件资源并形成了一种世界性的潮流。目前全世界有200多所高校和教育机构加入了这场运动。

二、翻转课堂的相关内容

（一）翻转课堂的历史由来

早在2000年，翻转课堂这一概念就已经被提出。Lage和Platt在《经济学教学教育杂志》上连续发表了两篇这方面的文章，提出了翻转课堂（他们称为inverted classroom或classroom flip）的概念。他们指出这种教学模式的课前学习阶段需要视频的支持，而在当时由于网络带宽有限、视频制作烦琐等技术局限，使得翻转课堂还只是处于概念阶段，并没有引起人们的关注。随后，萨尔曼·可汗为了给新奥尔良的表妹辅导数学，住在波士顿的可汗将讲课的内容制作成视频，并放到网上，让表妹自己去学。随后，可汗讲课的视频被更多的人看到，受到了如潮的好评，而且帮助了世界各地的很多人解决了数学学习的问题。2007年，可汗建立了一个非营利的"可汗学院"，把他的讲课视频都放在"可汗学院"网站上。可汗学院在网络上的风靡，引起了比尔·盖茨的关注，并得到了比尔·盖茨和梅琳达·盖茨基金会的200万美元的资助。

同在2007年，美国科罗拉多州落基山的"林地公园"高中。两位老师Jonathan Bergmann和Aaron Sam，也在化学教学中采用了这种新的教学模式。他们使用软件录制PowerPoint演示文稿的播放演示和教师同步讲课，上传到网络供缺席的学生观看，来帮助他们补上所缺的课程。后来两位老师让所有学生在家观看教学视频，回到课堂上完成教师的练习，对学生感到的困难的知识加以讲解。这种教学模式受到了学生的广泛欢迎，并被学校予以推广。2010年加利福尼亚州的Los Altos学区与可汗学院合作，在整个学区内选取了五年级和七年级的各两个班级试验"翻转课堂"。其中，参加试验的山景中学七年级学生，在使用了可汗学院一个学年的服务后，在全州考试中进步明显，取得"先进"或者"精通"成绩的学生比例从23%跃升至41%。此后，这种新的教学模式逐渐成为教育者关注的热点。学生们在家看视频以代替教师的课堂讲解；然后在课堂上，学生们把精力集中在完成练习以及与教师和同伴的互动交流上。这种做法颠倒了传统学校"课上教师讲授、课后学生完成作业"的教学安排，这就是日渐兴起的翻转课堂。

目前，翻转课堂在美国受到了很多学校的欢迎。在线网络课程的数量也急剧增加，覆盖的领域也很广，不仅涉及文学、历史等文科领域而且扩展至物理学、数学和建筑学等领域。美国的翻转课堂的实施主要集中在中小学，教学科目主要为科学、数学等理科课程。

（二）翻转课堂的概念与特征

翻转课堂是指在信息化环境中，课程教师提供以教学视频为主要形式的学习资源，学生在课前预先通过对教学视频等学习资源的自主观看和学习，然后，师生再在课堂上一起完成作业答疑、协作探究和互动交流等活动的一种新型的教学模式。翻转课堂的价值在于把课前时间重新作为一个学生的学习空间，在这里学生能探索课程内容，练习知识应用技能，与别的同学在实践中互动。我国学者焦建利认为翻转课堂是一种增加师生之间互动与个性化接触机会的手段，一种学生在其中对自己的学习行为负责任的环境；一个不让一个学生掉队的课堂；一个教师不再是主宰者而是指导者的教室；一种直接教学与建构主义学习的混合；一个教学内容和材料随时可获取的学习型组织；一个所有学生都能获得个性化教育的地方。与传统的教学模式比较，翻转课堂具有以下特征。

1. 教学视频运用的特征

观看视频代替了部分教师的教学活动，使教师的精力更集中于在课堂上有足够的时间与学生互动，关注个体学生的发展，依据需要开展个别教学。翻转课堂与在线课堂或网络课程相比，都有视频观看的环节，但观看视频在翻转课堂中不是课堂教学的主要部分，也不占用主要的课堂教学时间，而在网络课程中观看视频是主要的学习形式，观看完视频即完成了主要的学习。翻转课堂不是用视频教学取代教师的教学，而是教师在教学中的身份与作用起了一定的变化，不再是学生孤立的学习，而是合作学习、师生互动、应用于实践中的学习。

2. 照顾到全体学生的特征

传统课堂的班级授课中教师给几十个学生按照同一个步调讲课，不论是多么优秀的教师，也不能都兼顾到后进的学生与接受能力很强的学生。把基础知识学习放在课前用视频的形式教学，就不需要全班都用同一个节奏来讲课，而是学生在家或其他场所按自己的节奏进行学习。比如对看不懂的部分暂停、重看，可以对疑难的地方查阅资料后再接着看。等回到教室后，学生在有教师指导的情况下进行学习，与同学之间相互交流。视频形式使课堂变得更人性化，最重要的是接受能力弱的学生可以按自己的节奏学习，慢慢跟上全班的学习进度。

3. 师生角色变化的特征

课堂教学的三个基本元素是教师、学生、教学内容。一直以来教师是课堂的“中心”，学生在学习中处于被动的地位。作为一种新的教学模式，翻转课堂无论是从教师、学生还是从教学内容来看，都体现了以学生为中心的教学思想。在课堂上，学生为他们的学习负责；教师不再是“圣坛上的圣人”，而是“随手可及的指导者”。

翻转课堂上教师是学习的指导者和促进者。无论是在课前的教学设计中还是在课堂的组织过程中，教师在教学中仍然是主导的地位，教师通过对学生课前视频学习与练习情况的了解，能设计出更有针对性的教学活动来促进学生的成长与发展。教师不只是学生的知识传授者，他们在学生需要指导的时候，向学生提供必要的支持。学生也从传统课堂的被动接受者变成了学习的“中心”，他们是学习的主体。学生按照教师的教学进度安排，按自己的节奏和实际接受能力学习，在课堂上是学习活动的积极参与者。

4. 课堂教学流程重新分配的特征

翻转课堂改变了“教师讲授 + 学生作业”的教学过程，变为“课前学习 + 课堂活动”。教师在明确的教学目标的指导下，以视频的形式把教学内容呈现给学习者。学生在课前完成对课程内容的自主学习。教学内容在课外传递给学生后，教师在课堂内主要任务是组织高质量的学习活动，让学生在具体的环境中应用所学的内容。课堂上的活动主要形式是让学生独立解决问题，开展一些探究活动和实施基于项目的学习等。教学流程的改变也使课堂时间需要重新分配。原先在课堂上讲授的内容提前到了课前进行，使得学生的学习时间比以前有所增加。这样在课堂学习时减少了教师的讲授时间，留给了学生更多的学习活动时间。这些活动能够让学生在更多的交互中完成学习，提高了课堂的学习效率。

（三）学习过程

传统教学过程通常包括两个阶段，即知识传授和知识内化。知识传授是通过教师在课堂中的讲授来完成，知识内化则需要学生在课后通过作业、操作或者实践来完成的。传统的学习过程中学生在课堂上听教师讲解知识，课堂上也有教师与学生和学生之间的互动，但学生对听课中不懂的知识，不能够重复听。知识内化主要是在课后由学生做练习来完成，一些学生会因为前面听不懂的内容而在做练习中无法进行下去。这时也由于缺少教师的支持和同伴的帮助部分学生会有很大的困难，挫败感的积累会使学生丧失学习的动机。

翻转课堂的实施要贯穿“以学生为中心”的现代教育理念，其核心理念有两个：一个是“让每个学生按照自己的步骤学习”，这是提升学习绩效的最根本保证。这也是实施翻转的初衷，照顾一些学习节奏慢的学生，揭示出网络环境下课堂学习的一般本质；另一个是互动的个性化指导。教师通过在教室里巡查或者学习管理平台监控，掌握学生学习中的困难点，适时地给予学生个性化的指导。在这种理念的指导下，“翻转课堂”对学生的学习过程进行了重构。“信息传递”是学生在课前进行的，老师不仅提供了视频，还可以提供在线的辅导；“吸收内化”是在课堂上通过互动来完成的，教师能够提前了解学生的学习困难，在课堂上给予有效的辅导，同学之间的相互交流更有助于促进学生知识的吸收内化过程。随着教学过程的颠倒，课堂学习过程中的各个环节也随之发生了相应变化。

三、翻转课堂学习的基础理论

（一）“掌握学习”理论

在传统教学模式中，学生在学习一章节或单元内容之后会有一个阶段性考试。无论学生是得多少分，考试结束之后，老师都会继续下一章节的讲授。即使是对于优秀的学生，在学习过程中没有掌握的内容，学习完所有内容后还是没有掌握。为了克服这一弊端，翻转课堂模式采用的学习理论是为广大教师熟悉的掌握学习法。

作为一种思想或一个信念体系，掌握学习理论由来已久；但作为一种学校教学模式则是兴起于20世纪60年代的美国。布卢姆对掌握学习的发展所做的理论上的贡献，就在于他把卡罗尔提出的学校学习模式改造成一种掌握学习的应用模式。那么，布卢姆对教学理论领域所做的最大的贡献在于：他把这种“掌握学习”模式的研究与他的“教育目标分类学”“教育评价”的相关研究成果相结合，并形成了一种具有自己体系和特色的、完整的学校学习理论——掌握学习理论。进入20世纪70年代，掌握学习理论在美国已有了相当规模的应用：从最初的主要集中于应用该理论与实践来改进班级和学校的研究，转变到改进整个学校体系的研究，进而在美国形成了一个推广掌握学习的网络（Network of Outcome-based Schools）。其后掌握学习理论被应用于越来越多的领域，并被列为美国“最有意义的一项教育研究成果”。在布卢姆看来，只要恰当注意教学的主要变量，就有可能使绝大多数学生都达到掌握水平。掌握学习就是要探讨达到这一目的的途径，制定相应的策略。掌握学习，就是学生按自己的节奏学习课程，当他们完成一个单元的学习后，他们必须证明他们已学到了内容，采取的方式是“退出评估”，包括实验室和书面测试。

布卢姆认为掌握学习的原理主要是卡洛尔的学习模式。掌握学习的变量有三个：一是机会,即允许学习的时间;二是毅力,即学生愿意积极从事学习的时间;三是能力倾向,即在理想条件下掌握该任务所需要的时间。掌握学习策略的一个基本问题,就在于寻找各种途径,设法减少学习较慢的学生所需要的时间量。

掌握学习策略实施的先决条件:一是要以学生具备一定的认知能力为前提,即掌握新的学习任务所需要的基础知识和技能;二是学生情感上愿意参与学习过程,表现在已形成的动机或激发出的动机上;三是教学的质量,即教师教学适合于学生的程度。

掌握学习策略实施程序:第一步,定向,即课程教学前要进行教学目标分析,对学生进行诊断性评价。明确告诉学生需要掌握的目标。对学生是否具备学习新课的条件作了判断,如果学生在认知能力和情感的前提特性方面不合格就不能实行新课教学;第二步,实施,即在班级中进行教学,并进行形成性测试和评价,对没有达到掌握单元目标的学生要进行个别指导或矫正教学,促使他们掌握全部单元教学目标;第三步,检验,即在该学科教学的一定阶段或全部课程结束时进行终结性测试评价,以确定成绩,及时进行必要的补救。

(二)协作学习理论

在线协作学习理论与实践是在线教育质量和效果的根本保证。在线协作学习的立足点是学生的讨论——学习者通过交流和协作理解和解决现实世界问题,并在教师指导下促进知识建构。翻转课堂的课堂学习过程可以说是在活动中进行的,学生在活动中与同学交流,应用所学的知识,得到教师的帮助等。所以翻转课堂的学习要充分发挥协作学习的优势。北京师范大学黄荣怀教授把协作学习定义为学生以小组形式参与、为达到共同的学习目标、在一定的激励机制下最大化个人和他人习得成果,而合作互助的一切相关行为。

协作学习是多个学习者对同一问题进行观察、比较、分析、综合等的一种交互活动。这种交互活动可以深化问题的理解和获得高级认知能力,培养交流与协作能力的很好的学习方式。协作学习的一般程序是:明确学习任务和目标—小组划分—进行协商讨论—总结讨论结果。协作学习具有如下几个特征:①协作学习的过程是多方面人际交往的过程;②协作学习环境中师生处于平等的地位;③协作学习注重发展学生的自主、独立和善于与人合作的个性;④协作学习能够丰富教学内容,扩大认知空间。

协作学习的理论基础:①建构主义学习理论,认为学习是学习者通过已有的认知结构对新信息进行主动加工,自己原有的知识结构中的过程;②社会互赖理论,认为群体是成员之间互赖性可以变化的动力整体。小组成员间的互相帮助不完全是从自身的利益出发,而是因为他们相互关心并希望大家都能获得成功。共同的目标和相互间的依赖可以为每个人增加动力;③选择理论,该理论指出人有归属感和自我实现的需求,学生注重伙伴关系和自己在群体中的形象是因为归属与自尊的需要。

协作学习的基本要素包括:协作小组、成员、辅导教师和协作学习环境。协作小组是协作学习模式的基本活动单元,一般协作小组的人数不能太多,通常以 3 ~ 5 人比较合适。成员是指学习者,成员的分派依据学习成绩、认知能力、认知方式、性格差异等因素。辅导教师是协作学习的控制和保证,教师也要转变角色,从知识的灌输者变为协作学习的组织者、学习的帮助者,变学生的被动接受为主动求知,给学习者更大的自主空间。协作学习是在一定的环境中进行的，协作学习环境主要包括协作学习的空间环境、组织环境、硬件环境和资源环境。

四、翻转课堂教学模型的设计

翻转课堂对传统课堂的教学过程做出了重大的变革，许多学者也对翻转课堂的教学模型进行了研究，这里我们总结了几种典型的教学模型。

第一种是罗伯特·陶伯特在“线性代数”课程教学实践中总结出翻转课堂的课堂结构。他把翻转课堂分为课前和课中两个阶段：课前阶段，学生观看教学视频，然后要进行针对性的课前作业练习；课中阶段，学生要快速完成少量的测评，再通过解决问题来完成知识的内化，最后进行总结和反馈。

第二种是张金磊在 Talbert 的翻转课堂模型基础结合信息技术支持手段提出了更加完善的翻转课堂教学模型。针对课前学习与课堂学习的两个部分，信息技术在这两个部分都要能起到很好的支持作用，要能为学生的自主学习提供学习内容与环境，帮助学生顺利完成课前学习任务与课堂学习活动，同时为师生之间与学生间协作学习提供良好支持，发挥翻转课堂的良好教学效果。该模型的课前设计模块中教学视频是由教师亲自录制或者使用网络上的开放教育资源。课前针对性地练习是加强对学习内容的巩固与发现学生学习中的疑难处，并利用技术获取并显示出这些学习状态，以使课堂内的教学更有针对性。课堂活动设计模块中，教师充分利用情境、协作、会话等要素发挥学生的主体性。教师既要注重培养学生的独立学习能力，也要加强协作交互学习能力的培养。通过设计小组活动，选择合适的交互策略，教师积极促进学生的小组活动有效开展。在成果汇报阶段，采用课堂直接汇报或者学生在课后将自己汇报过程进行录像，上传至网络平台。反馈评价由专家学者、教师、同伴和学生自己来共同完成。

第三种是清华大学钟晓流、宋述强等探讨了翻转课堂的教学设计的多种模式，将翻转课堂的理念与传统文化中的太极思想进行融合，建立了一个被称为太极环式的翻转课堂模型。该模型包括四个阶段：①教学准备阶段：老师要完成对翻转课堂的教学设计工作。主要是基于对教学目标、教学对象和教学内容的分析，制作课程内容、设计教学活动和教学环境；②记忆理解阶段：学生在教师的引导下，通过观看视频课件、参与网络课程、检索网络资源、进行自测练习等，初步完成对课程内容的记忆和理解。记忆的内容主要包括陈述性知识、程序性知识、元认知知识等；③应用分析阶段：学生通过作业练习、小组项目、反思总结等自主学习活动，对前一阶段习得的知识进行应用和分析。应用分析阶段完成了知识的内化；④综合评价阶段：综合评价是对前面记忆理解与应用分析两个阶段成果的测量，从中发现教学阶段的不足。学生在呈现个人对知识理解的过程中，教师和其他学生会根据个人对知识的理解对其进行评价，从而在不断的交流碰撞中，逐步完善个人的知识内化过程。

上述几种模型是目前翻转课堂研究中总结归纳出的教学模型。翻转课堂要想取得有成效的教学效果，其所应用的教学模型要具有实际可操作性。翻转课堂的教学要能适应各种不同的学科。新课程改革要求教师改变传统的以“教”为中心的教学方式，变为以“学”为中心的教学，既要注重培养学生的独立学习能力，也要加强协作交互学习能力的培养。翻转课堂的教学模型的设计要整合学习过程中的各种教学资源,还要考虑到教学过程中教学策略的技术支持。结合我国的教学实践,设计出了适合我国教学翻转课堂的教学模型,网络教学平台支持下的翻转课堂模型。在该模型中运用教学平台为学习者的自主学习和协作学习提供服务。模型主要包括以下几个方面:

(1)课前自学:观看视频。实施翻转课堂就要把基础性一般知识的传授通过教学视频的学习来完成。课前学生根据教学进度要求,在自己合适的时间里选择课程进行学习。课程以微视频的形式呈现,由教师上传到教学平台。学生观看教学视频时,对于看不懂的地方可以反复看,可以暂停教师的"讲课",也有更充裕的时间做笔记,同时减少了教师的重复讲解。教师在课前上传视频到系统平台。教师可以使用网络上已有大量的教学视频,例如,耶鲁公开课、可汗学院课程、中国国家精品课程、大学公开课等。这些课程以大学的课程居多,基础教育的课程只有可汗学院的课程,而且可汗学院的课程与国内的课程目标、课程内容相差很大,不太适合国内中小学教育。教师也可以使用自行录制的教学视频,根据自己的教学对象特点与实际情况对教学内容进行针对性的讲解。制作视频需要教师具备专业技术与花费大量的时间,单个教师难以胜任。如果以一个团队来制作,然后提供给其他老师共同使用,则可以提高视频的质量。视频制作时要考虑到视觉效果、设计结构的简洁与互动策略;要大胆取舍,选取基础的知识点讲解;视频要教给学生必定要学习的核心内容,而不能把传统课堂的所有内容都搬到视频中去,应该以引发学习动机与学习兴趣为主。课前适量练习。学生在观看教学视频之后,紧接着应该完成本小节的相关练习,以加强对学习内容的理解,同时教师也可以发现学生学习中的疑难点。教师根据"最近发展区"理论去设计练习,学生遭到困难时再回到视频中重看部分内容直到能够完成基础性练习,能有所收获并记录自己的疑问。练习中遇到疑难问题可以得到解题提示,也可以留言提出疑问,得到同学与教师的帮助。教师通过网络支持平台提交课前练习题。习题与每一个视频教学的知识点对应,这样使练习更有针对性。平台要能对学生完成练习的情况进行收集,提供练习的正确与否的判断作出一定的评价。

(2)讨论交流。翻转课堂的课前与课堂上都注重学生相互之间的交流。在学习教程中学生的疑难问题可以在相应的知识点版块进行公共讨论,或者单独向教师提问,以得到教师的个别答复。学生在每一个知识点有疑问或想法都可以发言,与其他同学交流。平台可以为学生提供单独的交流和公共讨论交流。学生可根据自己的实际情况选择向该课程的任课教师单独提交问题,得到教师的回复。学生在对每小节知识学习过程中的问题,在学习讨论公共留言板上提出自己的观点,任何同学都可以公开回复,并看到别人的回复。

(3)课堂讲解:重难点讲解。翻转课堂的教学中许多活动是在课堂上完成的。对于学生学习的过程中遇到的困难点,教师了解学习情况后,在课堂上给学生进行重难点讲解。在课堂上对需要帮助的学生进行个别或全体的指导。总结形成重难点材料发布在平台上供学生进一步学习或复习。

(4)答疑解惑。课堂讲解中教师要善于组织交流学习成果,善于在聆听中发现学生的思维脉络,学会有技巧的指导学生,并且在课堂上对需要帮助的学生作一对一的个性化指导。教师应注重学生独立学习能力的培养,进行有选择性的指导,把尊重学生的独立性贯穿于自主学习为主教学模式的课堂设计中。对于学生的疑问可以通过平台异步的提交给教师，并得到教师的回复。

(5)快速测评。学生完成教师布置的问题或测试题，测试通过或正确解答教师的问题则为通过本节的学习。教师为章节设计测试题，学习参与测试，完成测试题后平台能作出正误判断。

(6)探究学习。探究性学习是学生在教师的指导下选择和确定专题进行研究，并在研究过程中主动获取知识、运用知识和解决问题的学习活动。通过探究性学习，能够使学生自主参与模拟的科学研究活动，通过体验形成积极的学习态度，激发起学生探索和创新的兴趣。根据研究内容，探究性学习的类型可分为课题研究类和项目(活动)设计类；根据组织形式，可分为小组合作研究、个人独立研究、个人研究与全班集体讨论相组合等形式。通过开展研究性学习，强调培养学生对社会的责任心和使命感；使他们具有科学的态度、坚强的品格、发现问题和解决问题的能力；学会收集、分析和利用信息的能力；学会分享与合作；具备一定的研究和探索的能力。

翻转课堂的探究学习实施主要包括以下几步：

(1)确定问题。教师根据课程内容、学生学习情况、学生观看视频提出的疑问等总结出有探究价值的问题，把这些问题转化为研究课题或项目，再分解为任务，让学生探究。要求学生根据教师预设问题学会结构化思考，由浅入深逐步形成自主解决问题的能力。通过平台为课题创设情境。教师分解的任务则是为学生的学习建立支架。

(2)小组分工。问题以项目任务的形式由学生完成。项目完成主要采用小组合作活动学习的方式。合作活动学习，是通过合作式的活动和活动化的合作，使师生成为学习共同体，让学生积极主动的投入到学习过程中，在互动合作的学习活动中获得知识、形成经验并建构知识与经验的意义和价值。采用网络化的合作活动学习有助于学生有更多的合作与交流机会。学生的小组人数控制在4～5人，一般采用异质分组。多个小组可以完成同样的项目，也可以承担较大项目的一部分。教师选择合适的交互策略以保证小组活动的有效开展。

(3)协作探究。教师发布探究研究课题或项目任务，并为学生提供可以利用的学习资源，提供评价标准。学生以小组为单位进行探究，小组成员发表自己对课题的想法相互讨论，提出解决方案。

(4)成果交流。学生学习的成果需要在课堂上实行汇报，达到交流分享的目的。成果可以是报告也可以是展览等多种形式。每个小组要向其他同学就其解决方案或报告作陈述，在课堂上一起讨论。教师与其他组的同学都可以看到各组的成果报告。学生的成果可以是演示文稿的形式或网页的形式。平台为学生的成果展示提供上传与下载功能便于同学交流评价。

(5)反馈评价。学生经过学习后需要对其学习进行评价。评价的形式是多样化的。对于学生的测试，测试结束后得到的分数就是对学生的评价。小组协作的成果，各组发言人在课堂上进行汇报，同时教师和同学都可以给予评价。翻转课堂既要对学习结果进行评价，也要对学习过程进行评价，把自我评价与他人评价相结合的形式。这样既可以提高教师教学效率，也有助于在评价过程中进行二次学习。通过评价也能更好地把握要掌握的知识标准，对知识运用更加准确，学生在探究过程中也能得到激励。

第二节　面向翻转课堂的网络教学系统的设计

随着数字化学习的不断发展，传统的课堂上已经普遍采用了多媒体，而网络学习与传统课堂学习有机结合的混合学习逐渐成为一种学习趋势。网络教学系统的特点是能充分体现学生的自主学习能力，能在教学过程贯穿“自主学习”的理念，为教师“教”与学生“学”提供交流平台，成为以教师为主要创作者，学生自主学习的“双主”平台；另外，具有良好的通用性，能适于各学科课程教学；无论用户计算机知识如何，都要能很容易使用系统，而且具有足够的安全性。对外发布的网站内容采取身份验证和上传内容的认证等防护措施，保证数据的正确和安全，并能实现时间和空间的分布性。这些特点使得网络教学系统与翻转课堂可以很好地结合，运用网络教学系统作为翻转课堂的支持平台。作为混合式学习中的一种模式，翻转课堂融合了传统课堂学习与网络在线学习。翻转课堂的实施要以技术工具和信息资源为基础。所以采用网络教学系统作为翻转课堂的教学平台。通过网络教学系统为翻转课堂提供学习支撑。

一、面向翻转课堂的网络教学系统的设计目标与原则

（一）面向翻转课堂的网络教学系统的总体目标

面向翻转课堂的网络教学系统设计的总体目标就是要为学校翻转课堂搭建一个适用于多门课程教学的系统平台，作为实施翻转课堂教学的基础性平台的网络教学系统要具备的功能有：帮助教师有效组织和呈现课程与教学资源。翻转课堂的课堂学习需要提供教学视频及其他的可供利用的学习资源；营造个性化的学习环境。系统可以记录学生的学习过程相关信息，例如在线学习时间、练习对错。以便教师能及时了解学生的学习状况和遇到的困难，进而能够设计出有效的教学活动，在课堂上能给学生有针对性的辅导；营造互动交流的协作环境。系统能将课堂上的互动交流拓展到网络空间，以增加师生交互的时间和效果。学生依托网络教学系统可以方便地建立起学习共同体，协同完成学习任务。

（二）面向翻转课堂的网络教学系统的主要设计原则

1. 以学生为主体的设计原则

建构主义的学习理论认为，学习是学习自我构造知识的主动过程。因此，在建立系统平台时，设计者需要基于学生与教师的角色进行系统设计，体现出学生自主学习的主体地位。同时，也要强调教师在混合式学习中的主导作用和组织者、指导者的身份。教师能更好地为学生的主动学习提供帮助，提高教学的效率。教师通过组织学习材料，辅导答疑和评测等手段对学生的学习进程进行引导和帮助。

2. 网络开放性设计原则

面向翻转课堂的网络教学系统支持学生、教师以各种网络接入方式通过浏览器访问网络系统平台，也支持教师和管理员凭用户名与密码在任何时间和地点通过互联网进行教学管理。

支持多种教学策略的设计原则。翻转课堂教学不同于传统的传递接受式的课堂教学,也不同于完全自主学习的网络课程。面向翻转课堂的网络教学系统开发与设计要能够体现这些新的思想与新方法,能够支持探索式与研究式学习、辩论式学习、协作式学习等。教学系统既要能支持网络学习的教学策略,同时也支持班级教学的教学策略,并提供实施这些教学策略的相关的工具。

3. 用户交互性设计原则

面向翻转课堂的网络教学系统要能使学生提供高质量的视频,还能提供丰富的交互,学生在课前的学习中可以在练习中知道对错,并在困难的情况时能得到提示与帮助。教师在线解答学生的疑难问题,在线批阅学生的作业及向学生反馈结果。

4. 应用简便性设计原则

面向翻转课堂的网络教学系统的界面设计要力求清晰,操作简单。面向翻转课堂的网络教学系统需要通过同步数据访问技术,减轻客户端对数据库的访问量,使用户在操作时感觉方便快捷。

二、面向翻转课堂的网络教学系统的需求分析

(一)翻转课堂对网络教学系统平台的要求

依据对翻转课堂的教学理念,结合笔者设计的教学模型,对面向翻转课堂的网络教学系统进行设计。系统应该不同于远程教育中的网络教学系统。翻转课堂对网络教学平台的系统具有特殊的要求:①教学视频的短小。区别于以往的精品课程网站中提供的大量相当于传统课堂长度的45分钟到1小时视频,翻转课堂的教学视频把一节课的内容划分成若干具体知识点,每个知识点使用一个微视频进行讲解,考虑到学生的注意力能够集中时间不会很长,视频一般以控制在20分钟以内,根据学习对象与教学内容可稍变化。②练习的分散化。根据教学内容的知识点划分成的每个视频后都配以相应的针对性地巩固练习。学生每学完一个视频后完成对应知识点的练习,以检测学习的效果与对知识理解内化。在课堂上教师指导完之后还要练习与测试以巩固所学知识。③习题解答的过程性智能呈现。在习题强化的过程中,为学生提供恰到好处的帮助,有助于维持学生的学习兴趣,提高学生的独立分析、解决问题的能力。每小题增设“提示”功能,为学生提供必要的帮助。如果还是不能解决问题,还有重看视频的选项,让学生对不懂的地方反复观看视频。学生也可以通过协作的方式向教师或学习同伴请求帮助。④提供教师对学生学习状况的可视化了解。网络学习监控是指为了确保学生学习成功,提高学习效果与质量,对学生网络学习活动进行计划、检查、评价、反馈、控制和协调的一系列过程。翻转课堂的学习是以学生为中心的,学生的自我控制能力较弱,学习效果就会差,学习监控就很有必要。系统对学生的学习与练习的时间与练习中习题完成的进度及对错等做记录并转换成一个可视化的二维表。学生老师都可看到学习的状态,实现教师对学习者的学习监控和学习者的自我监督。

(二)面向翻转课堂的网络教学系统的基本功能需求

在面向翻转课堂的网络教学系统总体设计的特点的概括的基础上,对系统的基本功能作进一步的明确。本系统的主要目标是提供翻转课堂学习支持的网络教学系统,目的

是帮助学生更好的学习课程,完成自学,帮助教师提高工作效率,实现信息管理与教学过程的部分信息化。面向翻转课堂的网络教学系统的基本功能需求主要包括以下几个方面:①学生部分的功能需求:登录到教学系统,根据教师的安排,进行课程内容的学习与完成相应的练习,学生的学习信息(包括观看教学视频的时间与习题的完成情况)需要保存到服务器的数据库里;了解自己和其他同学的学习进度;与其他同学和教师进行交流与分享。②教师部分功能需求:登录到教学系统,班级管理,教学视频与练习的管理,发布教学进度公告做好教学安排,对学生学习状态的了解与监控,对学生学习中的问题进行指导;对学习进行激励,鼓励部分困难学生坚持学习;学习讨论的帖子管理。③管理员部分功能需求:登录到教学系统,管理员进行学生用户与教学用户的管理;对班级的管理。

(三)面向翻转课堂的网络教学系统的用例分析

根据网络教学系统的需求分析,可见系统的参与者主要是学生、教师、管理员。在对用户的需求功能分析的基础上,下面主要对用户管理、班级小组管理、课程管理、自主学习、合作探究学习、讨论交流等部分业务进行具体分析。①用户管理:用户是整个系统的服务的对象,系统对用户的管理主要体现在管理用户、用户信息修改、用户登录、用户注销。学生用户登录进入学生页面,教师用户登录后进入教师页面。②班级小组管理业务:管理员为学生注册班级。教师创建小组,安排小组成员,学生可以查看小组信息。③课程管理业务:教师进行课程管理,有权限上传课程视频,上传练习,并且可以查看、删除课程的相关视频与练习。教师安排学习进度,以公告的形式发布。教师管理公告,包括添加、查看、删除公告。学生查看公告,按教师安排的进度学习。④自主学习业务:主要完成学生自主学习事务的处理,包括视频学习、完成练习、系统记录学习日志、记录学生在线学习时间和练习完成情况。系统记录学生每一题的对错。教师查看学习时间,章节练习完成情况。了解学生学习进度与练习情况。学生也可以查看自己在线学习与练习完成情况。教师对重难点的解析材料上传到平台,学生可以查看这些材料。⑤合作探究学习业务:教师发布课题或项目任务,并提供资源。学生查看教师发布的任务,下载或在线浏览相关资源。完成探究学习后小组成员提交报告。教师对学生的报告作出评价。对于学生报告或作品教师选取展示在平台。⑥讨论交流:留言板类型,学生填写留言,系统按时间将留言人、留言时间、留言内容、相关课程等信息存储到数据库中。教师可以回复留言,删除留言。

三、面向翻转课堂的网络教学系统的功能设计

系统的总体功能设计结构是指整个系统的构成,以及系统各部分与要素之间在物理上、逻辑上的相互关系。总体结构设计的主要任务就是明确各个功能模块,正确处理模块内部的联系以及它们之间的调用关系和数据联系,定义各个模块的内部结构等。

(一)系统登录模块功能的设计

作为系统的安全保证模块,系统登录模块功能要能够阻止未授权用户登录系统,让合法用户以自己的账号、密码通过系统验证;在用户忘记密码时能够帮助用户通过邮箱找回密码。系统登录模块功能主要包括学生用户验证、教师用户验证、管理员用户验证。个人信息维护:学生和教师都能对自己的个人信息进行管理,上传个人头像,添加、修改个人的

信息,修改个人密码。

(二)学生子系统功能设计

在登录后,学生可以通过学生子系统模块进行在线学习。对该模块的功能分析,分为课前和课中两种情况,课前是自主学习模块,课中是课堂活动模块。课堂活动模块分成不同的课型,使用的功能有所不同。

1. 自主学习模块

课前的学生自主学习模块包括以下功能:①查看公告。学生查看教师发布的公告,了解关于学习与课程的相关通知与学习进度安排等,以便按进度进行学习。②视频学习。学生选择自己年级的所学科目,进入到章节选取页面后,按自己的学习进度选择相应章节进行学习。选取学习章节后,学生在线观看视频。系统记录学生开始观看的时间和结束观看的时间,以及所看视频所属的课程信息。③课前练习。学生看完教学视频后要完成教师布置的针对性练习,以加强对学习内容的巩固并发现疑难点。教师要合理设计,利用"最近发展区"理论,把握课前练习的数量和难易程度,一般应该对本节内容的基础知识进行练习。练习中学生有困难时可以得到解题的提示。④在线讨论。对于学生课前的学习过程中的疑问和想法,学生可以通过留言板与其他同学和教师进行交流。同学之间也能够进行互动解答。留言板是在每一小节的视频的同一页面,便于学生对所学的内容实行交流讨论。学生能够对其他学生的留言进行回复或点评。

2. 课堂活动模块

翻转课堂的实施是通过课堂活动设计完成知识内化。随后的课堂活动时,学生在学生子系统中要根据教师的教学设计进行学习以完成对当前所学知识的内化。本系统的设计要能够支持中小学的多学科教学。针对不同学科教学设计的不同,系统设计了两个分支:一个是课堂讲解类型的模块,另一个是小组合作探究的类型的模块。

课堂讲解类型课程的模块包括以下功能:①查看难点:学生查看教师提供的相应知识点的重难点解析材料。②查看学习动态:学生可以查看自己和班级其他学生的学习进度及状态表,以了解自己的学习中的难点和其他学生的学习情况,达到自我激励与督促。系统将学生观看教学视频的时间、练习或活动中习题的完成进度和对错结果等学习记录保存到服务器。对保存在数据库中的学生学习情况记录信息以可视的二维表的形式表现出来,直观地展现给教师和学生。教师在教学设计时根据学生的学习情况,准确把握学生学习中的难点,不再花时间去讲解学生都已经掌握的知识,在课堂上针对学生的疑难点讲解或个别辅导,体现出翻转课堂的特点,提高了课堂的教学效率。③解题测试:学生选择章节后,系统呈现给学生需要解答的问题。学生在课堂上完成问题的解答并提交。学生在解答的过程中可以查阅教师提供的参考资料,并可以与同学交流。教师通过平台查看学生的解答,并对有疑难的同学进行个别辅导。测试功能是学生选择相应章节的测试题,完成测试题并保存后提交给服务器。提问留言:学生向教师单独提出疑难问题,并得到教师的个别回复解答。

合作探究类型课程的模块包括以下功能:①小组信息:学生查看合作学习的组长及小组成员、本小组的选题等相关信息。②查看任务资源:当教师要求学生分小组协作完成课题或项目时,学生查看课题或项目的名称和课题概要介绍,对各小组的任务安排,查看教师为学生学习本节内容提供参考资源地址或可供下载的文件资源和相关的评价标准。③提交报告:学生提交小组探究学习的成果。翻转课堂的小组活动可以在课堂和课后进行,小组成果提交的文件以压缩的文件格式。学生可以查看教师对本小组报告的评价。④查看成果:学生以报告的形式提交后,教师在小组成果评价里对小组的作业进行评价学生,也可以下载查看本班别的小组作品,对别的小组的作品进行评论。

(三)教师子系统的功能设计

1.自学资源模块的设计

自学资源模块包括以下功能:①教学视频管理:本模块的功能主要是管理教学视频。教师选择所任教的课程后,在相应的课程页面进行视频管理。教师可以上传或删除录制好的教学视频。视频是把一节课的教学内容划分为若干具体问题,每个具体问题使用一个微视频进行讲解。②课前习题管理:向教师提供一个可以添加、删除的练习题。教师添加习题作为学生课前观看视频时要求完成的练习。③公告任务:以班级公告的形式向班级的学生发布学习任务、学习进度要求和作业布置等功能。

2.课堂活动教学模块的设计

根据学科的特点与学生学习的状况,教师在了解学生预习和学习情况的基础上,调整课堂的教学进度并制订有针对性地课堂教学设计。本系统设计的支持翻转课堂的教学模式中对不同学科与教学内容采用了不同的教学策略,相应的网络教学系统也支持这两种不同的教学策略。

课堂讲解类型的课程模块包括以下功能:①学习动态:教师查看学生对课程的学习进度与状态。教师可以查看班级所有学生的学习进度及状态表,以了解学生的学习情况来确定课堂讲解与讨论的重点。②难点解读:教师提供相应知识点的重难点解析材料。③测试题管理:教师可以根据需要增加测试题,同时可以对测试题进行修改或删除。学生课堂完成的测试题客观题由系统评分,主观题由教师评分。教师查看学生提交的主观题答案,写出自己的评价或打分。④回复留言:教师回复学生单独的提问。教师也可以查询学生提出的所有疑问,并可以回复解答学生的提问。

合作探究类型的课程模块包括以下功能:①小组管理:老师对学生进行分组,安排组长和每个组的选题,指定课题任务完成的期限。②任务资源管理:当教师要求学生分小组协作完成课题或项目时,教师发布课题或项目的名称并对课题概要介绍。设计出完成课程各小组要完成的任务,对学生各小组的任务做出安排。为学生学习本节内容提供参考资源地址或可供下载的文件资源。提供相关的评价标准。③评价报告:教师可以查看各小组提交的作业报告,并给予评价。④展示成果:教师对优秀的作品在平台上展出,供学生学习。

(四)管理员功能的设计

管理员功能模块包括以下功能:①课程管理:管理员可以在本模块添加或删除课程。教师没有在系统中创建一门课程的权限,教师要想在系统再添加课程,必须向学校的有关部门申请,待批准后,由管理员在管理模块中添加相应的课程信息,教师才能向系统中添加课程的章节内容。②学生管理:管理员在本模块中查看班级信息,对班级学生进行管理操作。③教师管理:管理员添加教师用户,删除教师用户。

第三节　翻转课堂网络教学系统的详细设计与实现

一、翻转课堂网络教学系统实现的技术概述

系统的开发使用 Java Web 开发技术。Java 语言凭借着面向对象编程的优点以及跨平台等特点在 WEB 开发中广泛使用,面向对象可以说是 Java 最重要的特性,所以它支持重载、继承、多态等面向对象的特性。Java 语言的设计是完全面向对象的,它不支持类似 C 语言那样的面向过程的程序设计技术。

(一)MVC 模式

MVC 模式是目前非常流行的 Web 应用程序开发模式。MVC 模式分为如下三层:①视图层(View):视图就是 MVC 中的 V。该层主要用于显示用户接口,并将采集用户的录入信息提交给控制层的组件。②控制器层(Controller):控制器就是 MVC 中的 C。该层主要用于接收由视图层组件提交的请求信息,并根据某些业务规则调用模型层中的组件。也可以将该层看作是视图层和模型层的桥梁。③模型层(Model):模型就是 MVC 中的 M。该层可以继续分为更细的部分,如数据访问层、业务逻辑层等。该层的组件主要用于访问数据库以及处理业务逻辑。

(二)SSH 框架介绍

框架是人们在软件开发项目中用于建立灵活的易于扩展的多层 Web 应用程序而使用的一套开发标准。SSH 就是 Struts + Spring + Hibernate 的一个集成的框架,是目前 Web 开发中比较流行的开源框架。这种框架系统从职责上分为四层:表示层、业务逻辑层、数据持久层和实体层。功能与上面三层分法基本对应。其基本业务流程是:在表示层中,通过 JSP 页面实现交互界面,负责传送请求((Request)和接收响应((Response),然后 Struts 根据配置文件将接收到的 Request 委派给相应的 Action 处理;在业务层中,管理服务组件的 Spring IoC 容器负责向 Action 提供业务模型(Model)组件和该组件的协作对象数据处理(DAO)组件完成业务逻辑,并提供事务处理;在持久层中利用 Hibernate 的对象化映射和数据库交互,处理 DAO 组件请求的数据,并返回结果。

1. Struts2 介绍

Struts2 是 Struts 的第二代产品,它是在 Strutsl 和 Web Work 的基础上进行合并的全新的框架。它的体系结构与 Struts 的体系结构差别巨大。Struts2 采用拦截机制来处理用户的请求,这样的设计使得业务逻辑控制器能够与 Servlet API 完全脱离。Struts2 是一个比较成熟的轻量级框架。由于 Struts2 是 MVC 框架,因此,在 Struts2 中必须包含与这 3 个层次对应的部分。Struts2 中与 MVC 的 3 个层次对应的部分如下:①视图层:由 JSP 页面及一些客户端代码(HTML,JavaScript 等)组成;②控制器层:由 Struts2 的 Action 类组成。Action 类可以是一个 POJO 类,也可以是一个从 Action Support 类继承的类;③模型层:Struts2 中的模型层根据系统业务的不同而有所差异。通常模型层包括实体类、DAO 类、Service 类。

2. Hibernate 介绍

Hibernate 是一个开放源代码的对象/关系映射框架，Hibernate 通过 XML 配置文件将数据库和普通的 Java 类进行映射，这些映射包括联合、继承、多态、组合以及集合。使用 HQL 语言和 API 实例来操作持久化类。Hibernate 与 ORM(Objectl Relational Mapping 关系/对象映射)有着非常紧密的关系。用于将关系数据库中的数据映射成对象。在关系数据库中，所有的数据是以表、视图的形式来展现的二维表，并且使用 SQL 来操作这些数据。因此，在关系数据库中，可以很容易地将这些表、视图以横向关系连接起来。为了将关系数据库中的数据保存在面向对象编程语言的对象中，就必须有一种机制可以将关系逻辑转换为层次逻辑。而 Hibernate 正是这样一种框架，它可以无缝地将关系数据库映射成 Java 类。

3. Spring 介绍

Spring 是由 Rod Johnson 领导的、开源的、免费的、民间的框架。Spring 的主要目的是简化企业级开发。虽然 EJB 是当之无愧的企业级应用的王者，但 EJB 过于复杂，面对很多企业级的应用并不需要如此复杂的技术。网络教学系统的实现也是简单的应用，Spring 框架正好可以满足这个要求。Spring 中非常重要的技术是控制反转和面向切面编程。

(三)翻转课堂网络教学系统体系结构

翻转课堂网络教学系统采用的是 B/S(浏览器/服务器)架构。用户只要连接互联网，通过浏览器就可以方便的接入系统服务器，使用本系统的功能。B/S 架构相对于 C/S(客户端/服务器)结构有很多的优势。用户不需要安装专门的客户端，而只需要有浏览器就可以非常方便的使用本系统。系统维护升级的成本也很低。系统只需要对服务器端的软件系统升级维护就可以。系统的开发采用 Struts2 + Spring + 数据库 MySQL5.1。该框架支持 MVC 模式，运用分层架构，不仅可以规范开发行为，提高系统开发速度，而且系统易于测试、易于维护和易于扩展。

二、翻转课堂网络教学系统用户模块

教学系统的用户有三种：学生、教师和管理员。学生是教学系统的主要用户，通过本系统完成学习，登录系统后可以查看与修改个人资料、修改密码、查看课程视频、进行练习、测试、在线提出疑问与其他用户交流互动等。教师登录系统后，可以查看个人资料、修改密码、发布学习任务、上传教学视频与练习、管理试题、在线答疑、评价学生报告等。管理员负责用户信息的维护，班级的创建等。用户登录：用户通过网络地址访问系统时，要进行身份验证，合法用户才能使用系统。在登录时学生、教师、管理员输入用户名和密码，系统会对用户的用户名和密码与用户类型进行判断用户类别：如果与数据库数据匹配成功，刚登录成功；否则提示登录错误。用户登录系统后，所显示的是与其相对应的功能模块。用户管理：管理员对班级、教师和学生用户进行管理。可以添加、修改、删除学生。

三、翻转课堂网络教学系统课程管理模块

课程管理模块的功能与具体实现：课程模块是翻转课堂教学模型的一个重要组成部

分,也是本系统设计和开发的重点。课程管理模块是为教师设计开发的,教师在这个模块中对课程进行管理,对课程的章节进行添加、修改和删除,为每一小节的内容上传视频文件,以便学生课前学习观看。教师为每一节设计练习题,在这一模块中上传到服务器,供学生在学习中进行巩固练习与测试;应用例子:课程的创建由教师完成。课程创建好后,教师可以查看课程信息,为课程添加章节,或者修改、删除章节。教师为课程的对应章节上传视频与练习。教师为每个视频添加练习题。

四、自主学习模块

自主学习模块是为翻转课堂教学中学生在课前自学设计。系统提供视频与练习。学生在家中通过浏览器就可以登录学习完成课前自学。学生对所学知识可以展开讨论,对疑难问题还可以单独向教师提问的功能。

(一)视频学习与课前练习

课程学习模块是为学生在线学习课程内容与练习而设计。学生根据自己的需求选择课程门类,进入相应课程。课程学习界面会出现相应的课程名称、简介与章节的链接。学生选择想要学习的小节学习。学生观看的视频一般较短,提供暂停、回放功能。学生每看完小节的视频后,在同一页面中做当前节对应的练习题。

(二)学习讨论

功能和具体实现:在线学习讨论是多人交流的一种方式,教师、学生都能参与讨论,类似于公共论坛。这种形式就某一内容,大家自由表达观点,思想碰撞,有助于深入学习交流。学生在观看每小节视频与做相应的练习时,对本小节内容可以发起讨论,其他同学和教师都可以参与回帖。教师可以管理所有的讨论主题,删除一些不适当的主题或回复。

在视频页面下,有学习讨论的窗口。学生输入评论具体内容,便可以发表自己的观点。在讨论列表中显示讨论的内容、作者、时间。

五、课堂讲解模块设计

课堂讲解模块支持教师的课堂讲解类型的教学。教师在课堂教学之前先要了解学生的学习情况。系统的学生学习状态查看页面提供学生学习状态表,学习状态表以可视化形式表现出学生课前学习中遇到的困难。本模块中教师的课堂讲解材料提供给学生,供学生学习。对于学习中的疑难问题,本模块设计了提问答疑功能,为学生和教师的单独交流提供工具。

(一)学生学习状态

功能和具体实现:主要实现教师对学生学习状态的了解。学生登录系统开始观看视频后,系统自动记录学生开始观看的时间,学生退出观看后自动记录学生学习结束的时间。学生做练习题过程中系统记录学生对每道题的答案与对错。

任课教师先选择课程的章节,选择查看学习动态后,可以看到全班学生的某一小节的学习状态表。学习状态表以不同的颜色区分学生学习的状态。以不同的颜色来表现学习情况。白色表示未做练习题,绿色表示学习已正确完成练习题,红色表示学生做错的题。教师可能直观地看到学生学习中存在的难点,以便有针对性的指导学习。学生也可以查看自己的学习状态,了解自己学习中的疑难点与其他同学的状态进行比较,达到激励的作用。

(二)重难点解读

功能和具体实现:教师通过对学生状态的了解,结合教学内容确定本节课的重难点,在课堂上给学生讲解,同时提供给学生在线查看。系统提供教师重难点管理功能,教师可以添加、修改、删除重难点材料,学生进入重难点解读页面,选择相应的重难点,可以查看具体内容。教师重难点管理功能,教师可以添加、修改、删除重难点材料。学生点击重难点相应列表,可以查看重难点解读。

(三)提问答疑

功能和具体实现:提问答疑是教师与学生一对一交流,学生单独向教师提出问题,教师回答的形式。这种交流形式可以照顾到一部分不喜欢在公开场合表达观点的学生。一些学生想要和教师个别交流问题也可以采用单独提问。提问答疑由学生发起,然后由教师回答。学生把问题发给指定的教师。教师可以将问题删除或回复。教师回复后,学生可以查看回复。

教师管理提问的界面查看学生的问题,或以回复问题。学生可以添加提问在相应的课程发给相应的教师。学生添加提问界面就可以对于自己已经提出过的问题进行管理,查看、删除提问等。

六、合作探究模块设计

合作探究模块支持以小组为单位的探究学习。教师确定探究课题后对学生进行分组,指定每小组的组长。教师要给学生的学习营造情境。对探究的课题进行分解为小的任务,每组学生承担各自的任务。教师为学生提供探究的学习参考材料。学生完成探究后把探究的成果以报告的形式上传,以得到教师的评价。学生可以查看教师的评价,并能够下载其他小组的报告。

合作探究模块主要包括以下几个部分:①小组管理。功能和具体实现:教师进入小组管理页面后,可以添加、修改、删除小组。小组成员可以由学生在课堂上自由选择,报给教师后,由教师录入并指定组长。教师选择小组名后,点击任务维护后可以对小组的任务进行具体描述。学生可以查看自己所在小组的任务及完成期限。②任务与资源。功能与具体实现:教师为学生的探究学习提供相应的资源有助于学生顺利完成任务。教师在任务资源管理页面对探究的资源进行管理,可以添加、修改、删除文件。学生在小组任务资源页面查看教师发布的资源。③提交与评价报告。功能与具体实现:小组完成探究后形成的报告由组长上传到系统。教师对学生提交的报告查看后给予评价。学生可以查看教师对本组的报告的评价。同时学生通过小组成果展示页面可以查看教师推荐的小组报告,并可以下载查看学习。

七、软件测试

(一)软件测试原则与方法

软件测试是发现软件中错误和缺陷的主要手段。为了保证软件产品的质量,软件开发人员通过软件测试发现产品中存在的问题,并对其进行及时的修改。简单说,软件测试的过程就是发现并改正软件缺陷的过程。软件缺陷是指软件产品中存在的问题,具体表现为用户所需的功能没有实现,无法满足用户的需求等。软件的缺陷是不可避免的,软件测试的工作也是必需的。软件测试是软件开发过程中的一个重要阶段。在软件产品正式使用之前,软件开发人员需要保证软件产品正确地实现了用户的需求,并满足稳定性、安全性、一致性、完全性等各个方面的要求,通过软件测试对产品的质量加以保证。实际上,软件测试过程与整个软件开发过程是同步的,也就是说,软件测试工作应该贯穿于整个开发过程。

在具体的测试中,应遵循以下原则:①由软件发者以外的人员进行测试;②设计测试用例,从正常操作和异常操作两个角度进行测试;③集中测试容易出错的程序模块;程序变更以后,重新进行测试;④选择多组测试人数,测试系统性能。软件测试的一般步骤:在软件测试的过程中,测试工作可以分为以下几个阶段。每个阶段完成特定的测试任务:①单元测试:它是指对软件中最小的可测试单元进行检查和验证。基本单元一般来说是一个函数,一个过程,或者一个类;②集成测试:它是指在单元测试的基础上,对通过测试的单元模块组装成系统或子系统进行测试。集成测试并不关注各个模块的内部细节,而是关注模块之间的接口是否运行正常;③系统测试:它是指将软件系统看作一个整体进行测试,包括对功能和性能以及软件所运行的软硬件环境进行测试;④验收测试:以用户测试为主。分为两种,一种是由用户、测试人员、开发人员等共同参与的内部测试,另一种测试是完全交给最终用户的测试。测试环境:网络环境:100 Mbps 的 LAN(局域网)硬件环境:服务器:硬盘 500 GB,内存 2 GB,双 CPU 2.8 GHz;客户机:硬盘 80 GB,内存 512 MB,CPU 2.4 GHz 软件环境:操作系统:Windows XP;数据库:MYSQL 5.10。

(二)系统测试

1. 界面测试

本网络教学系统在页面输出显示主要包括首页、学习任务页面、视频学习页面、练习页面、提问答疑页面、小组管理、重难点解析、小组任务、小组报告等。在每一个输出模块开发完成后都进行了模块的页面测试,在系统全部完成之后对页面进行了整体测试,反复修改了 CSS 样式和页面布局,系统页面测试通过。

2. 功能测试

功能测试是系统测试中最基本的测试,它不管软件内部是如何实现的,而只是根据需求说明书和测试需求列表,验证产品的功能是否符合需求规格,主要检验以下几个方面:功能是否全部实现,有没有遗漏;功能是否满足用户需求和系统设计的隐藏需求;能否正确地接受输入,并给出正确结果。

3. 安全性测试

网络教学系统作为一个 B/S 架构的 Web 系统,不仅要页面美观、功能实用,还要具有安全性强的要求,否则会导致数据丢失,系统瘫痪的后果。本系统因为直接面向互联网用户,可能受到更多网络上的攻击威胁,对它的安全性测试非常有必要。安全性的测试的目标就是要尽可能找出系统设计的安全缺陷,然后进行必要的修补。本系统的安全性测试包括:①测试系统的登录是否存在安全漏洞;②对服务器端的脚本程序是否存在安全漏洞进行测试;③测试系统管理代码是否安全,防止用户绕开程序直接访问后台程序;④测试 Tomcat 系统服务器平台的安全设置是否恰当等。

4. 调试结果分析

通过对该软件的测试和试用,证明该软件设计功能完整、人机界面友好、使用简单。运行过程中安全可靠,使用效果良好,可以用不同主流浏览器登录访问,具有良好的跨平台性的安全性,基本达到预期的目标。但是因为时间精力有限,本系统的部分设计功能还没有实现,这将在后期不断的完善,另外界面还需要进一步的美化以满足中小学生的使用需求。运用 Java Web 技术开发出系统的主要模块,实现了系统的基本功能。系统具备登录注册、课程学习、学生分组、练习巩固、学习状态反映、师生交流、报告评价等功能,能够较好的支持翻转课堂教学,这是翻转课堂教学的有效的技术支持平台。

第六章　软件工程领域基于本体的领域知识库构建方法研究

第一节　工程软件开发基本技术

一、软件工程的诞生

人们常常认为硬件控制软件,实际上硬件是不会控制软件的,而是软件去监控硬件的工作状态,然后再做出反应。计算机软件通过计算机硬件及其相关设备实现功能,硬件受控于软件,在一个系统中两者缺一不可。软件控制硬件的流程如下:软件编程人员编写的程序通过汇编编译器翻译成硬件可以读懂的语言(二进制代码),然后硬件根据这个二进制文件执行相应的操作。如果一个软件的设计、开发过程缺乏科学而有效的实施方法,那么软件系统实际运行时,就很容易漏洞频出,修改、完善困难。因此,一个计算机软件的成功开发和应用,就是要满足用户的业务需求,在一定周期内无差错地运行,并经过实践证明确实能够帮助用户提高核心竞争力、推动业务更好的发展。在实际工作中,用户都非常希望开发有利于自身业务良好发展的软件,避免可能出现的困难情况。

"工程"一词是指科学和数学的某种应用,通过这一应用,自然界的物质和能源的特性能够通过各种结构、机器、产品、系统和过程,以最短的时间和精而少的人力做出高效、可靠且对人类有用的东西。简而言之,工程是将自然科学的理论应用到具体工农业生产部门中形成的各学科的总称。因而,"软件工程"(Software Engineering,简称 SE)是一门研究用工程化方法构建和维护有效的、实用的和高质量的软件的学科。它涉及程序设计语言、数据库、软件开发工具、系统平台、标准、设计模式等方面。在设计和开发软件时,工程化方法与标准化工作往往可以帮助开发者和用户达到共同的期望。在现代社会中,软件应用于多个方面。典型的软件有游戏、嵌入式系统、办公套件、编译器、数据库等。软件工程的思想和方法是针对软件危机提出来的。软件危机出现的特征一方面表现在软件项目开发过程中,完工日期拖后、经费超支,甚至造成工程最终宣告失败等情况;另一方面从整个社会对软件产品的需求而言,软件危机的出现实质是软件产品的供应赶不上需求的增长。1968 年,北大西洋公约组织(NATO)在联邦德国召开的一次国际会议上,计算机科学家们讨论了软件危机的问题,正式提出并使用了"软件工程"这个名词,一门新兴的学科就此诞生了。21 世纪以来,互联网产业获得了迅猛的发展,这使得系统软件开发事业同样获得了快速的发展。为了有效的提升系统软件开发的质量,软件工程技术得到了广泛而深入的应用。而软件工程技术控制和管理的效果则直接影响着系统软件开发的运行效果。

二、软件与程序

虽然计算机被称作“电脑”，但事实上，它只是一台快速执行指令的机器，这些指令非常简单（简单的四则运算、逻辑运算、数据传送和跳转指令），但它们的组合却能完成非常复杂的任务。要让计算机做出符合人们意图的事，只需把这些简单的指令排成一个顺序执行的序列。这正如两根毛衣针虽然只有上针、下针、收针、放针四个操作，但根据不同的口诀却可以织出各色花样的毛衣，这个口诀就是织花样的程序。世界上第一位程序员 Ada 就是这样以穿孔卡片为 Babbage 的差分引擎计算机编制织花程序的。因此，程序（Programme）是计算机指令的序列，编制程序就是为计算机安排指令序列。把程序装入计算机内存，按顺序逐条执行，全部执行完就达到所需的要求了。

（一）程序的主要特性

1. 程序的静态与动态特征

实际上，程序是一个用计算机语言描述的某一问题的解决步骤，它的表示是静态的。人们的最终目的还是要它解决问题，所以程序必须能够运行，否则毫无用处，也就是说程序是指示一个计算机动态执行的序列。正因为如此，编写程序就是为机器写行动计划，形式上必须符合程序设计语言的规范，内容上要能得到计算结果。程序的动态执行就是进程。

2. 程序由程序语言抽象的符号表达特性

人们怎么来表示程序呢？用机器码最直接，它是机器可以直接“读懂”的语言，但编写起来太麻烦，一整版 32 位 1 和 0 的组合谁读都会错。即使编出二进制程序也得通过穿孔或其他手段才能“装入”内存，即要在符号和电信号之间进行转换。于是采用八进制数、十六进制数编程，这样既容易读，也容易转换。进一步把操作码变成英文字母就出现了汇编语言，这时的“转换”就成了用汇编程序作“翻译”，把符号表示翻译成机器能够具体执行的指令集。它们是同一程序的两种不同表示，也就是说，完成了抽象到具体的映射。程序员的工作是把要计算的问题转化成高级程序设计语言的表达式、语句、过程/函数、对象，而不是机器指令序列。编程语言越是高级越宜人、越自动，翻译程序任务越重，所以，编程语言的设计与实现是软件技术中重要的一环。

3. 程序是对数据施行算法的过程

按程序设计语言提供的符号和语法写出程序，同时也表达了语义，即该程序要做的计算。翻译是语义等价的，执行后，或是改变（加工）了数据或是提供了一组动作。对一组数据进行排序，虽然没有改变数据的值，但改变了它们之间的顺序（结构）关系，这也要有一个计算的办法，即算法。算法使数据由初始态变为终止态。按解题的算法排定顺序，当然同样的数据改变可以用不同的算法，例如，排序方法就有快速排序、冒泡排序、二分排序、希尔排序、堆叠排序等，各种算法虽然可以达到同一目的（功能），但所需的时空开销大不相同，即性能各有优劣。数据一般用于描述事物的属性和状态，人们往往因不善于设计数据结构致使程序质量低劣。算法和数据结构是软件技术中很基本的技术。

（二）软件的主要特性

软件是功能、性能相对完备的程序系统。程序就是软件，但软件不仅是程序，还包括说明其功能、性能的说明性信息，如使用维护说明、指南、培训教材等。软件主要具有以下几种特性：①软件是具有使用性能的软设备。人们编制一个应用程序，可以解决自己的问题，但不能称之为应用软件。一旦使用良好并转让给他人则可称之为应用软件。②软件是信息商品。既然是商品则不仅有功能、性能要求，还要有成本、质量、交货期、使用寿命要求。软件开发者一般不是使用者。软件的开发、生产、销售形成了巨大的信息产业。它不同于传统产业，研制开发是其主要的生产方式，而大批量生产是十分容易的复制工作，制造成本极低，如同电影工业。软件是极具竞争性的商品，投入的资金主要是人工费，研制时日一长，成本陡增就会使软件变得毫无竞争力。技术先进固然重要，更重要的是科学管理，应按软件工程的办法制作软件。利用软件工具开发软件、管理项目是当今软件开发的基本模式。这种管理和技术的相互交织，很难将技术和管理截然分开。例如，软件配置管理系统是一个管理软件，它本身又成为重用、集成等软件技术的基础。在后面的章节中，将以软件工程方法作主线介绍工程软件技术。③软件是只有过时而无“磨损”的商品。硬件和一般产品都有使用寿命。软件和硬件不同，用得越多，软件内的错误清除得越干净。所以软件只有过时而无用坏一说。所谓过时往往是它所在的硬件环境及配套软件升级，导致软件做相应升级。例如计算机上的 Word 3.0 字处理功能作文字编辑并没有什么大缺陷，但是人们更愿使用最新版本的 Word。

二、软件的主要类型与工程软件

传统上，我们可以把软件分为两大类：一类是系统软件；另一类是应用软件。系统软件指软件制售商为释放硬件潜能、方便使用而配备的软件，如操作系统、各种语言编译/解释系统、网络软件、数据库管理软件、各种服务程序、界面工具箱等支持计算机正常运作和“通用”的软件。应用软件是指解决某一应用领域问题的软件，如通信软件、财会软件、科技计算、计算机辅助设计与制造（CAD/CAE/CAM）软件等。在当今整个社会信息化的情况下，系统软件和应用软件的界线正在模糊。例如，数据库系统早期只有在数据处理领域用得着，科学计算、工程控制领域有了文件系统就不一定需要它，但现在它已是系统软件了。一台机器上提供的系统软件的总和叫作软件（开发）平台，在此平台上应用开发者编制应用程序。应用程序通用化、商品化后就是应用软件。这时，使用者是最终用户（enduser）。他一般不需编制程序即可利用应用软件去解决自己的问题。有时要利用应用软件提供的简单语言编写简单程序，这称为二次开发。最终用户只需做使用培训，一般不需做软件技术知识的培训。目前，计算机应用领域非常广阔，按照应用领域分类不胜枚举，各行各业都有自己的应用特点。这里就技术特点进行分类。

软件主要包括以下几种类型：①业务型软件。业务软件处理日常业务信息，目前已发展为管理信息系统。它的特点是有一个或多个数据库，存放所有业务的信息；而应用程序是离散的，如会计、工资、仓库、生产计划调度，彼此只有数据联系。技术重点是数据库应用，如联机事务处理、联机分析处理、决策支持系统等，目的是改善业务运营。近年来为适应市场竞争，发展了业务过程重组、企业资源规划等技术。②科技计算型软件。传统的应用领域，注重数值算法的速度和精度。目前，转向多机协作计算、可视计算、并行计算、大量图形的计算机辅助设计。当今系统模拟软件的实时性要求不亚于系统软件设计。③嵌入型软件。嵌入式软件使工业产品自动化、智能化成为可能。每个产品(如电冰箱、导弹)中放一单片机,其中的软件即可根据传感器传入的数据控制该产品行为。这些软件在宿主机(Host)上以某种语言开发,它经交叉编译后成为单片机的机器码程序,“烧入”单片机,故为嵌入式。应用程序的开发、调试、修改、升级全在宿主机上完成。近年 Java 芯片和 Java 嵌入式应用发展特别迅速。④实时型软件。用来监控、分析、控制实时事件的软件就是实时软件。它包括从外部环境收集信息(模拟量数据要通过 A/D、D/A 变换),分析后按应用要求转移信息,处理后做出响应(到外部的输出),监控部件保证能按时间要求做出响应(一般是 1μs 到 1s)。多用于工业控制系统。⑤个人计算机型软件。该软件包括字处理、电子报表、计算机制图、多媒体写作、娱乐游戏、个人数据库、个人财务、联机上网。这类软件在市场上大量涌现,其特点是“用户友好”,不用编程直接使用。⑥人工智能型软件。这类软件以非数值算法解题,一般有一个知识库,存放知识和规则。计算量大,空间开销也大。实际可用的是各种专家系统,辅助决策、模式识别、定理证明。近年来图像、声音识别、自学习、人工神经网发展迅速,它们作为传统应用软件的一个子部分正在投入实际应用,例如语音输入、机器语言翻译等。工程软件是指在工程领域中的应用软件,可以是上述六种应用软件中的一种,也可以是几种应用软件的组合。如机械工程领域的工程软件,图形信息处理贯穿始终,以科技计算软件为主,也包括人工智能软件、个人计算机软件、业务软件、嵌入式软件和实时软件。

三、工程软件开发基本技术

软件开发行业与装备制造业有一定的类比性。可以设想一下在机械制造初期,用锉刀、钢锯等工具来加工生产机械产品时,存在产品生产效率低、周期长、成本高、产品质量不易保证、产品结构差等问题。但是下述三个方面的突破大大促进了装备制造业的发展:①机械制图。制图学的完善与发展,大大增加了产品的可理解性,使产品结构的表示有了一个统一的语言。有了图纸就可容易地理解产品结构,对产品进行维护。图纸成了人们之间信息传递的有力手段。②标准件。标准件的应用,大幅度地提高了产品的共性部分。标准件大批量、低成本的生产大大降低了生产成本,缩短了生产周期。③加工机床。加工机床的出现,不但大幅度提高了生产效率,同时也极大地提高了产品质量。当然机械产品看得见,摸得着,软件开发却是一项脑力劳动,情况要复杂得多,但是从装备制造业的发展可以给我们一些启示:其一,表达方法。要重视对表达方法的研究,E-R 图的出现使数据结构的描述变得很清晰,从而推动了数据库技术的发展。目前对程序表达方法的研究很多,但还未找到一个理想的方法;其二,程序重用技术。仿造标准件的思想,使一些常用的子程序能容易地直接用于不同应用程序的开发,从而避免重复劳动,提高开发效率;其三,软件工具和程序自动生成器。软件开发人员一直为别人应用计算机而奔忙,开发人员也要有意识地使用计算机辅助软件开发。软件工具和程序自动生成器能大幅度提高开发效率与软件质量。一个好的表达方法,可有效地解决软件的可读性问题,促进软件开发人员间及软件维护人员的思想交流,从而提高软件的开放性及可维护性。程序重用技术、软件工具和程序自动生成器,可大幅度提高软件开发效率,降低成本,软件开发的共性问题可集中统一解决,从而提高了软件的可靠性和可移植性。总之,在软件开发中,一定要注意开发技术的研究，技术的提高是开发效率与质量提高的基础。软件开发要尽可能走上工业化大生产的道路。

(一)程序重用技术

考虑到标准件对机械加工行业发展的促进作用，人们就想到在软件开发中建立公共子程序库。标准件生产还需要原材料、加工设备及制造工时，要花费成本，而程序复制几乎不需要成本，因此公共子程序的使用势在必行。程序重用可分两类：一类是程序级的，如通用前置及后置处理程序、通用绘图程序等；另一类是子程序级的。早在20世纪70年代人们就开始注意收集各类子程序并对其分门别类，加上必要的检索关键字，建立相应的数据库，以便查找与应用。最近已开发了用图的形式来表示一个子程序的工具，用凹槽与凸台来分别表示基本输入、输出参数。这种以形象的方式，让开发者注意参数的匹配，可以保证使用的正确性。目前各类语言及计算机操作系统提供的图形子程序库、标准函数子程序库、系统功能子程序库等，以及各类数学库、算法库都可看作是程序重用的一个方面。开发者在使用这些现成程序库的同时也应建立专用的子程序库。在大型软件开发中，最好指定专人对这些子程序库进行调查，在开发中提供咨询与支持。以避免重复劳动，同时也提高程序质量。程序重用技术的思想虽然很简单，但真正用好程序重用技术要解决三个问题，即子程序模块划分、子程序功能需求多变性及应用支持。

1. 子程序模块划分

子程序模块功能划分，始终是一个较复杂的问题。除一些定型子程序，如图形库、数学库中子程序功能很明显外，大部分情况会使开发者左右为难。若模块功能划分小了，一个子程序中只有2~3条语句，就失去了公共子程序的作用。若模块功能划分大了却发现该模块又失去了通用性。有时当一个程序完成代码编写后发现，在多个路径段上，所完成的程序功能及代码形式都很类似，但是因一些微小差别就不能形成一个通用子程序模块，这就是模块需求多变性引起的问题。模块功能划分大部分靠经验。一般做法是在程序结构设计完成后，根据经验，先定义出比较明显的公用子程序，在程序开发完毕后，再回头分析源程序，进一步定义出公用模块，对程序进行规范整理，最后对公用子程序进行整理，编写文档，分类归入相应的子程序库。

2. 子程序功能需求多变性

子程序功能需求多变性是程序重用技术运用的主要技术关键。例如取日期子程序，就有按年、月、日取或按一年累计天数取之分。按年、月、日取又有按整型数取或按字符串取之别。按字符串取又会遇到以“,”为分隔符或以“V”为分隔符的问题。在日期次序安排上，我国是年、月、日，而欧洲为日、月、年。一个简单功能会派生出大量子程序，这样既不利于子程序开发，也不利于查找使用。为此人们提出了面向对象编程语言如C++、Ada等。

3. 程序重用技术实施要点

面向对象编程语言，为程序重用提供了有力的支持，但由于这类语言在编程思想、程序组织上有了很大变化，另外有些应用程序对象不易划分确定，因此目前使用传统的C或FORTRAN语言来开发的仍不少。但是开发者即使不用面向对象语言，也要有程序重用及面向对象的思想。首先要建立公共子程序库，在一个软件开发中，公共子程序库所占的比例越大，程序质量、可移植性、可靠性、可集成性越容易得到保证，测试也越容易，开发效率自然也就提高了。

在子程序开发时要有封装思想，设计者要把子程序内部数据结构隐藏起来。子程序与调用程序之间的信息只能通过参数来传递，而不要用全程变量或公共块来传递。在子程序被初用时，设计者应该尽量采用子程序名加操作的形式。操作为一个参数，调用时用字符中常量给出操作名。这样做程序运行起来可能略慢一些，但可读性要好得多。在子程序命名时，我们要善于利用重载技术，使完成同一种功能的子程序用相同的命名。当一个程序开发调试通过后，我们一定要归纳、整理、总结与规范化。在做这个工作时要注意子程序的收集、整理及说明文档编写。最好能开发相应伪工具（如公用的程序索引数据库），以利于检索与应用。对某些应用程序，如 CAD/CAM 程序本身就具有强烈的面向对象特性，对象划分比较容易，对这类程序最好用面向对象的编程语言来开发。若用常规语言，在编程时也要反映出面向对象特点。

（二）数据处理技术

目前，常用的编程语言基本上是过程化语言，这样在程序中每个操作过程都必须完整地描述出来。一个大型程序在运行时会涉及大量数据，如输入数据、中间数据、结果数据。这些数据的存放、查找、修改、删除等操作，简称为数据处理。当程序中数据量大、数据结构复杂时，为了有效地存放及查找数据，设计者就有必要采用链表、索引、排序等数据处理技术。由此可见，在一个大型程序开发中数据处理部分的开发会占有相当比例的工作量，其技术难度也较大，在程序调试中最伤脑筋的也是数据处理部分。因此，程序开发必须重视数据处理技术的应用。目前，数据库技术已发展得很成熟，在大型软件开发中全面使用数据库技术，将会较好地解决数据处理问题。

1. 采用数据库技术的主要优点

在工程软件开发中，设计者使用数据库技术具有以下几个优点：①提高开发效率，增加程序可读性。数据库技术中所提供的数据操作语言（DML），一般为非过程化语言，它是直接面向数据处理的，因此开发效率高，可读性好。②降低程序对数据结构的依赖。采用数据库技术后，当数据结构修改或扩充时，对程序影响较小。这样有利于程序分步开发、逐步扩充及以后二次开发，特别是有利于程序的维护。③改善程序结构。使用数据库技术后，开发者的编程思路会自然地变成按数据结构的 E－R 图表示的关系，依次填入数据，查找数据，通过计算修改旧数据或产生新数据。这样程序结构会自然地变为数据流驱动式结构。④增强数据的可移植性。一般数据库管理系统都提供有数据卸出及装入功能。这样当软件需要转机或移植时，数据也很容易地传送到新环境中去。⑤减少程序集成难度。目前程序集成中数据流的组织都倾向于使用数据库。当数据已存放在数据库中，则数据流组织工作将会容易得多。⑥有利于程序的并行开发。使用数据库技术后，各程序模块的工作变成从数据库中取数据及向数据库中送数据，这样模块间界面清晰，分模块测试验证也容易。

2. 数据库的组织

从数据库技术在数据处理中的应用来说尚需注意下述几点：①区分临时数据及要保留数据（永久数据）。一般建两个数据库：一个是临时库，存放临时数据，程序退出就删除;另一个是永久库。在临时库模式设计时主要考虑响应速度及编程难度,较少考虑数据冗余,在永久库设计时最好把冗余降为最小。②数据使用同时性分析。在工程软件中,有时数据显得很分散,实体定义较困难,此时可把数据使用同时性作为分析的一个依据。在工程软件的数据中常会遇到可变长数组,此时不要简单地使用规范化原则定义新实体,而要根据数据使用的同时性,允许可变长数组存在。GDML 允许一个记录中存在任意多个可变长数组,这就为工程软件开发提供了方便。③重视多对多关系的分析。在工程软件中会遇到较多得多对多关系,此时不要简单地建立连接实体(将多对多关系分解成两个一对多关系),而是要注意分析关系的物理含义。有不少多对多关系是由于对物理含义的理解造成的,特别要注意对连接实体自身数据的分析。实体自身多对多关系的应用。在工程软件中大量地存在实体自身的多对多关系,如总装配图—子装配图—零件图关系,部件—子部件—零件关系。

(三)程序结构组织

程序结构的合理组织对提高程序的可读性和可维护性起着关键作用。早期由于计算机内存小,要求程序特别紧凑,语句条数越少越好,程序语句及变量单元重复使用度越高越好。当然,这样的程序可读性和可维护性很差。在维护时,一个地方的改动会牵动一大片程序,维护的难度是不言而喻的。随着硬件的快速发展,计算机的内存越来越大,再加上虚拟内存技术的引入,内存空间几乎是无限的,对程序结构组织的要求也从紧凑、结构化程度高、占内存小转化成可读性好、有利于维护。在目前的计算机条件下,我们应从可读性与可维护性角度组织程序结构。

1.数据流驱动组织程序结构

在这种程序结构组织方法中,开发者把数据处理、数据流放在第一位,而不太考虑程序优化。具体来说以数据输入为起点,按照数据处理的自然先后顺序安排程序流程,原则上每个数据流与一个相对独立的程序流对应,不过分考虑代码优化。该组织方式的基木指导思想是程序流与数据流对应,不同数据处埋中的程序流互相独立,互不干扰。这样做对于提高程序结构化程度,增加程序可读性有很人好处。由于程序流间互相独立,因此维护就比较容易。在实际应用中数据处理流不会总是简单的树形结构,大多数情况是复杂的网状结构。例如,强制把网状结构转化成树形结构就会使程序语句条数急剧膨胀。这样会增加程序录入工作量,也会增大录入错误的可能性,在维护时重复修改也会增加工作量。若遇到这种情况,就有必要着重考虑公共子程序及代码自动生成。当采用数据库技术后,程序结构就会自然向数据流驱动方式靠拢。一般使用数据库后数据结构都以E-R图的形式表示,数据操作也按 E-R 图的关系顺序依次进行,程序段也按对各个实体操作来划分。这样一来程序流自然向数据流靠拢,程序结构会变得很清晰。

2.菜单驱动组织程序结构

随着窗口技术发展,使用菜单作为用户界面越来越普遍,菜单使用也给程序结构组织带来了较大的变化。使用窗口技术后,程序启动就进入菜单,随后等待事件发生(用户在菜单上选择所需操作)。一旦事件到达,程序就判别该事件的要求,执行相应的程序。程序以菜单作为中心而聚集,这样程序的模块化结构就非常明显。由于模块划分很清晰,也就使程序的可维护性得到很大提高,菜单驱动在人机交互比较频繁的应用软件如 CAD/

CAM 程序、管理程序中应用很普遍。

3. 合理划分程序功能

目前,软件行业提倡缩小程序,每个子程序规模尽量控制在 100 行以下,编小程序有如下优点:①可读性好。程序小,内部结构简单,涉及变量少,程序就容易读懂;②可重用度高。小程序一般都针对单一功能,目标明确,因此重用的可能性高;③文档容易编写。程序小,功能单一,很容易用文字来描述清楚程序的功能行为,文档质量容易提高。

4. 分层次组织程序

工程软件通常是由大量的子程序组成。这样就带来对这些子程序的管理问题,因此设计者有必要考虑子程序的组织方式。比较好的组织方式就是分层次组织子程序,一个层就是一个子程序库。分层可根据与操作系统、支持软件等的接近程度划分,也可根据功能细化程度划分。在分层次中要做到上层程序只能调用其直接下层程序,不允许跨层调用。下层程序不允许调用上层程序。在层与层间数据传递时,尽量采用参数形式,少用全局变量(对系统顶层设计中定义的全局公共数据结构可适当放宽)。同层的子程序间可用全局变量传递数据。这样组织子程序可对程序维护及系统二次开发带来很大方便,也保证了程序的可移植性。只要保持层间接口不变,层中程序修改、扩充就不会影响到其他层或整个程序。

(四)工程软件的主要集成方法

工程软件各模块的技术相对成熟,已实现在工程实际中的应用,但各模块的集成相对较弱,而且集成的必要性表现得越来越迫切,如在机械工程中 CAD、CAE、CAM 各模块都比较成熟,但 CAD/CAE/CAM 集成、信息共享需要解决的问题很多。从技术发展的层次上看,CAD/CAM 集成在方法上有以下四种:①通过专用数据格式文件交换产品信息的集成方式。这种方式中各应用系统所建立的产品模型各不相同,相互间的数据交换需要存在于两个系统之间。其特点是原理简单,转换接口程序易于实现,运行效率较高。但当子系统较多时,接口程序增多,编写接口时需要了解的数据结构也增多,当一个系统的数据结构发生变化时,引起的修改量较大。这是 CAD/CAM 系统发展初期所采用的集成方式。②通过标准数据格式文件交换产品信息的集成方式。系统中存在一个与各子系统无关的标准格式,各子系统的数据通过前置处理转换成标准格式的文件。各子系统也可以通过后置处理,将标准格式文件转换为本系统所需的数据。采用这种集成方式。每个子系统只与标准格式文件打交道,无需知道别的系统细节,为系统的开发者和使用者提供了较大的方便,降低了接口维护难度。但这种集成方式需要解决各子系统间模型统一问题,不能算是一种十分理想的集成方式。③在中性文件的基础上进行数据交换的集成方式。这种方式仍然属于在数据文件基础上的系统间互联和集成。例如用 STEP 标准建立中性文件,各需要集成在一起共享数据的系统,都必须开发用于前置和后置处理的数据转换接口来解决系统数据的输出和输入。这些中性文件可以用一个通用的数据库管理系统(DBMS)进行控制和管理。因此,用这种方式建立起来的系统能在较广泛的范围内实现数据共享和数据的安全维护。但是,各分系统不能直接操作数据库来存取数据,而必须通过各种接口来转换数据文件,会影响数据的一致性和数据的可靠性,并会产生许多不必要的数据冗余。这是较易实现在各独立开发的分系统间进行信息集成的有效方式,也是目前开发 CAD/CAM 系统中较多采用的方式。④以工程数据库为核心实现系统集成的方式。这种方式中分系统通过用户接口按工程数据库要求直接存取数据或操作数据库。在工程数据库中不仅能操作结构化数据,而且应能管理各种类型的非结构化数据,如 NC 代码、工程图形、知识等。各种类型的数据都由数据库管理系统直接管理,达到真正的数据一致性、准确性、及时性和共享性,对系统数据实现可行的维护和根据工作需要及时刷新。在系统工程中完全避免了不必要的数据冗余、矛盾和冲突。但是,目前还没有一个真正适合于工程要求的工程数据库产品可供选用,正在进行的研究工作或者是按 STEP 标准采用EXPRESS语言开发面向复杂对象的工程数据模型,或者在原有的关系数据库基础上加以改造和扩充功能以满足工程数据库的要求等。

第二节　基于本体的领域知识库关键技术及构建模型

一、本体的相关概念界定

(一)本体的概念

本体(Ontology)最初是一个哲学领域概念,它是对世界各种事物存在所做的客观描述。本体被运用到信息技术领域后,Gruber 对其进行了重新定义:本体是概念模型的明确规范说明。本体将现实中某个知识领域抽象为一系列概念及概念之间的关系,并以计算机可以识别的形式化语言来描述,从而解决人与计算机之间的交流障碍。本体是一个规范的、已经得到公认的描述,它包含一个与某一学科领域概念和知识的术语表,领域知识和概念之间的关系通过术语表中的逻辑声明来表示。因此,本体提供了一个用来表达和交流某些主题知识的词表和一个关系集,关系集是词表中这些术语关系的集合。本体的基本组成要素包括:概念、关系、属性、公理、函数和概念的个体实例。概念也称为类,它是相同或者相似事物集合的抽象表述;关系表示概念之间的内在关联;属性是概念的一些外在表现,也是区分不同概念的标准;公理,即推理规则,它主要用来描述人的思维逻辑或者语义逻辑;函数是关系的特定表达形式;概念的个体实例,即符合概念定义的一个具体的事物,其具有不可再分的特性。

(二)本体描述语言

在信息技术的大背景下,本体主要通过计算机可以识别的结构化描述语言来描述知识。根据本体不同的应用场景,本体描述语言可以分为基于人工智能的本体实现语言和基于 Web 的本体语言两大类。在互联网技术快速发展的背景下,基于 Web 的本体标记语言运用越来越广泛。选用 W3C 最新推出的 OWL 语言作为软件工程领域本体描述语言。OWL 作为 W3C 推荐的一种标准本体描述语言,由 DAML + OIL 发展而来,它是语义网(Semantic Web)的核心技术之一,可以描述 Web 文档和应用中类和类之间的关系。通过定义类和实例,构建一个形式化的知识领域,能够描述类与类之间、实例与实例之间的关系,具有语义推理能力。

OWL 分为三种表达能力递增的子语言:①OWL Lite:是三种子语言表达能力最弱的一种,它适用于只需要表示简单分类层次和一些简单约束的场景。OWL Lite 只支持基数为 0 或 1 的约束限制。②OWL DL:适用于需要更强表达能力并且需要保持计算完整性，确保所有结论可以计算出来，以及所有的计算需要在有限的时间内完成的场景。OWL DL 包含了 OWL 中所有的语言成分。③OWL FuII:表达能力最强，并且具有完全自由的 RDF 语法，但是不能保证可计算性。用户在选择哪种 OWL 子语言时需要根据自身需求来选择。如果用需要构建表达力强的本体，那么选择 OWL DL 要优于 OWL Lite;如果用户对 RDF Schema 有强烈需求，那么选择 OWL Full 要优于 OWL DL，但是 OWL Full 对推理机制的支持程度要次于 OWL DL。

(三)本体的主要构建方法

根据自动化程度的不同，本体的构建方式主要可以分为以下几种:第一种是手动构建方式需要由领域专家来确定知识范围，建立知识结构，添加知识内容以及知识间关系等，该方法完全通过手动创建，得到本体能够有可靠的质量保证，但是其费时费力的缺点也显而易见。一般情况下具有领域权威的机构，才会手动构建大型领域本体，例如，斯坦福大学医学信息中心构建的医学领域本体;第二种是半自动本体构建主要依靠一些计算机程序代替部分人工操作的方式来实现的，计算机程序可以帮助人们概念的提取、概念间关系的确立等。这种构建方式的核心工作仍需要领域专家完成，在内容控制方面仍然靠人工操作来把握;第三种是自动构建方式是指概念及关系等内容的获取完全由计算机自动来实现。本体自动构建所需的方法和技术方面的支持主要包括语言学方法、自然语言处理、机器学习等。目前自动构建本体的实际方法很少，研究人员主要提出来三种思路:自顶向下、自底向上和中间扩展。自顶向下方法首先需要建立起一个基础本体，然后再以此为基础，从领域知识抽取概念以及概念间的关系，通过循环迭代的方式逐层添加到本体中，最终形成一个能够满足需求的、较为完整的本体。自底向上的方法类似于知识的聚类，是通过已有的小规模本体间概念的相似度计算进行本体间的归并，最终形成一个较大规模的本体。中间扩展法结合了前面两种方法，先由领域专家通过对整个知识领域分析获取一部分概念和概念之间的关系，在此基础上建立起一个较为简单的本体，并进一步将领域中的其他概念扩展到其中，扩展方向可以向上或向下，直到本体完善为止。

采用了自顶向下的构建方法，通过自顶向下抽取维基百科中的软件工程领域知识结构，逐层提取知识内容，逐步增加本体，最后形成一个较为完整的领域本体。目前，本体主要应用于自然语言处理、知识工程等信息技术领域。这些研究主要应用了本体的所包含的语义信息，例如，根据本体计算查询词语的相似度、基于本体的语义推理等。

二、Jena 本体技术

本体的推理是本体语义能力的重要部分，本体推理实现需要借助本体推理机来实现。Jena 是惠普实验室语义网研究项目的一个开源框架，它是基于 Java 语言开发的。它提供了一个处理 RDF、RDFS、OWL 等本体语言的完整平台，主要功能包括对 RDF、OWL、RDFS 等模型创建、语法解析，对模型中的各项元素的增、删、改、查等操作，支持 RDQL 本体查询语言。此外，一个重要的功能就是能够根据用户提供的本体实现推理，包括带有推理规则的推理。Jena 平台包括以下几部分:①RDF API。用来操作 OWL 等本体文本的，实现对文件中元素增、删、改、查，以及创建和删除本体文件。②SPARQLL 和 RDQL 查询语言。

RDQL 中的 ARQ 查询引擎，支持 SPARQLL 查询语言和 RDQL 本体查询语言，可以结合 SQL 语言一起使用。结合 Jena 的推理子系统，可以实现基于语义推理的本体查询。③推理子系统。支持 RDFS、OWL 等自带规则集的推理，也支持用户导入自定义的推理规则集。④本体存储接口。Jena 支持将本体直接存入 Mysql、PostgreSQL 和 Oracle 等数据库。⑤本体子系统。为开发者提供一系列跨语言的本体编程接口，接口支持不同的本体描述语言的操作。结合 Jena 查询功能可以从本体模型查询指定信息，也可以对本体进行遍历。

每种本体语言都有自己的框架，在框架中列出了该本体语言使用的概念和属性的创建方法和 URI，例如在 OWL 语言中对象属性用 owl:objtectProperty 表示，在 DAML 框架中对象属性用 daml:objectProperty 表示，而在 RDFS 没有定义对象属性。在 Jena 中，通过将本体语言的框架绑定 Jena 本体模型（OntModel），将本体读进 Jena 框架中。OntModel 继承自 Jena 中的 Model 类。OntModel 对 Model 中访问 RDF 数据集合中的陈述（Statements）等方法进行了扩展，从而可以对本体中的数据对象进行操作，这些对象包括：类（Classes）、属性（Properties）、实例（或个体 Individuals）。Jena 平台可以作为基于本体的语义检索系统的核心模块，通过解析语义检索系统提供的领域本体和推理规则，对用户输入的内容实现语义推理，然后结合 SQARQL 语言实现对推理结果的本体检索。

三、Lucene 全文本检索技术

Lucene 是 Apache Jakarta 的子项目，它是一个高性能的 Java 全文检索框架，其提供了完整的查询引擎和索引引擎以及部分文本分析引擎。Lucene 主要目的是为软件开发人员提供一个简单易用的工具包，使软件开发人员能够根据自己的需求快速开发出自己的检索系统或者功能模块。

Lucene 采用了反向索引（inverted index）机制，即通过词语/短语表建立内容链接，检索时通过词语来定位检索的内容。在建立索引之前需要分词器将检索内容分词，建立的索引结构是一个包含内容中所有词汇的一个词表。Lucene 主要包括基础结构封装、索引核心、对外接口三大部分，其中基础结构封装中包含了 Lucene 的一些基础对象，如 document，field，term 对象；索引核心是 Lucene 的核心部分，主要包括索引建立和存储功能；对外接口主要是提供分词和查询的功能。

在建立索引时主要使用的类包括：Document（文档）、Field（域）、Analyzer（分析器或者分词器）、Index Writer（创建索引）、Directory（索引位置）等。检索文档时主要使用的类包括：Query（查询器）、Term（检索项）、IndexSearcher（查询引擎）、Hits（结果容器）。Lucene 系统存在以下四种数据流格式：①文本流，它主要是用于系统与文件或者输入/输出字符串之间；②Lucene 中的文本流的编码格式为 UCS－2，这种格式能够适应多种语言文字；③Token 流包含的是检索内容中词的概念的对象，它是 Lucene 在建立索引时直接处理的最小数据单位，结构上是一个值和所在位置组成的二元组；④字节流是对文件内容的实质内容，通过字节流的处理，将文件转换为与平台无关的字节流；⑤查询语句对象流是检索时查询语句解析使用的概念，它主要包含了 Lucene 的查询语句，并将查询语句传送到查找逻辑来进行查找的操作。

四、基于本体的领域知识库构建模型

本体所具有的语义能力，弥补了传统知识组织模式的不足，逐渐成为知识工程的研究热点，越来越多的研究者开始使用本体构建自己所需的领域知识库。主要根据本体的技术特点，抽象出具有普遍适用性的基于本体的知识库构建模型，该模型对大多数的科学领域或者应用领域知识库构建具有参考价值。基于本体的领域知识库模型，主要包括三部分：一是知识库的规划与设计、本体构建和知识服务，知识库规划与设计阶段包括需求分析和知识架构设计两部分；二是本体构建阶段包括：知识提取、知识关系建立、知识属性提取和以本体的形式表示知识；三是知识的服务阶段包括：知识表示、语义检索和知识评价。

（一）知识库的规划与设计

知识库的规划与设计主要是构建领域知识库的一些前期工作。例如，确立知识库所属知识领域，确定知识库的服务对象以及知识库支持的知识描述语言等。这些工作主要包括两部分内容：需求分析和知识库架构设计。

1. 需求分析

知识库构建需求分析是确立知识库的主要内容以及建设目标，需求分析需要以下几项工作：①确立知识库的知识领域，划定知识范围。在现实世界里知识领域之间并没有明确的界限，学科之间有很多知识内容交叉。确立知识领域就是明确将要建立的知识库的核心主题词，例如"计算机领域"的核心主题词就是"计算机科学"，然后通过核心词汇向外进行一定程度扩展，从而确定知识库应当包含的知识内容。②知识库建立的目的。它是需求分析的核心内容。它明确知识库建立的使用价值以及服务对象。例如，有些教育知识库，主要为了学生学习；还有一些企业知识库，主要服务企业业务发展。③知识库的知识来源。不同的知识来源知识的权威性也不同，有些知识库知识的权威性要求不高，例如企业中的用户服务内容，所需的知识大都是企业日常的工作用语；而一些科研机构知识库所需的知识可能就需要权威度高的知识，例如斯坦福大学医学信息中心构建的医学领域本体知识库，收录的都是医学领域的专业词汇。

2. 知识库架构设计

知识库的架构设计主要是根据需求分析，设计知识库的架构。架构设计考虑以下几个方面：①知识内容存储方式，包括数据方式、文件方式。数据形式包括结构数据、非结构化数据；②知识库的服务方式，包括程序调用接口、查询接口、知识展示接口；③知识库的技术方案，包括知识库使用的编程语言实现，使用知识库开发方式，以及技术架构，存储介质等。

（二）本体构建

本体的构建是基于本体的领域知识库的核心内容，也是知识库构建的技术难点，设计者应当根据不同的需求选择不同的构建方式。本体构建通常需要领域专家参与构建，知识结构的主体需要领域专家来确立。但是，随着信息技术的发展，本体构建的自动化成为当前研究热门。本体的自动化构建主要是借助一些具有一定语义逻辑的自然语言词库，提取知识之间的语义逻辑实现本体构建的自动化。在构建中文本体方面，大多数研究是基于主题词表或者 Hownet 构建本体；在构建英文本体方面，很多研究是基于 WordNet，通过提取 WordNet 实现本体构建。目前一些研究者开始尝试基于网络百科知识库自动构建本体,取得了一定成果。

本体构建的工作主要包括以下几个部分:①知识提取。构建知识库的第一步需要一个内容准确的知识源,知识源的质量直接影响了知识库的质量。一般知识源会选择一些现有的知识内容,例如,主题词表、领域词典或者网络中的知识百科。也有根据一些领域著作,由领域专家手动添加知识点,这种方法需要大量耗费人工。在软件工程领域本体构建研究中,一些研究者将《软件工程知识体系指南(SWEBOK)》中所列的知识点作为本体的知识源。②知识关系建立。知识关系的建立,使整个知识体系不再是一个结构简单的树形结构,而是具有语义的、有机的知识网络。知识关系的建立,可以通过提取现有的知识词典的关系得到一些简单关系,如上下位关系、同义关系、反义关系等。而更复杂的关系则需要人工建立。③知识属性提取。它是填充整个知识库的主要内容,知识的价值很大程度上体现在知识的属性上。知识属性的提取,可以从一些结构化的知识内容中提取,例如百度百科页面中的信息盒(Infobox):也可以通过自然语言处理技术,通过对非结构文本的处理提取属性。④以本体的形式表示知识。以本体形式表示知识,主要是使用本体描述语言,将知识内容和知识关系描述并存储。目前,较为流行的本体描述语言包括:RDF、OIL. DAML + OIL、OWL 等。

(三)知识服务

构建知识库的主要目的是构建知识服务功能,知识服务主要包括以下三类:①知识可视化展示。它是通过数据可视化技术展示知识之间的关系、知识的属性。知识可视化展示目的主要是通过图形的方式,引导用户选择自己真正所需的知识,也可以让使用者了解整体的知识结构。②语义检索。语义检索不同于传统的全文检索和关键词检索,语义是能够根据用户查询内容,进行语义推理,返回用户所有可能需要的结果。在本体知识库中的语义检索,通过知识库构建的推理规则和本体查询技术,实现语义检索。③知识评价。知识评价主要运用知识的关系和知识的属性,判断用户输入内容的正确性。知识库也可以对自身进行知识评价,通过搜集用户对语义检索结果评价,来评价知识库中知识内容是否符合实际情况。

第三节 软件工程领域本体构建及其系统实现

目前,对软件工程本体的研究已成为热点,本体在软件工程中扮演着重要角色,不仅能提供精确定义术语的源,而且这些术语能在人群、组织、应用软件中交流和沟通(信息系统或智能主体),作为使用者之间达成的共识。尽管最初的成果只在部分领域开发本体,但作为知识领域,软件工程领域仍没有一份详细完全的本体,仅描述了软件工程领域专家达成共识的概念及词条、定义和意义。与此同时,这些词条将需要关注更多有关的相互关系,概念通过此关系,分享被加入的语义网络的创造物。软件工程领域本体的开发,将允许共享和复用到目前为止软件工程领域的所有累积知识。对互联网行业来说,软件工程知识多半是靠摸索、凭经验,即使是简单的概念,也没有一条被普遍认可的术语,这使得各公司、企业、开发者之间在初次合作时会消耗掉大量的磨合时间。如能建立起软件工程领域的本体,就能在一定程度上支持软件工程的发展,提高其发展速度,为用户提供更好的服务。因此,选择建立软件工程领域的本体既具有研究价值,又具有应用价值。

一、软件工程领域本体构建

领域本体的构建是基于本体的领域知识库构建的核心内容,领域本体包含领域知识的关系、属性和知识结构。

(一)基于维基百科的领域本体构建方式

实现领域本体构建自动化,首先需要一个知识体系较为完整的信息库作为本体的知识源。作为当前最大的网络知识库,维基百科拥有知识量巨大且不断增长、知识内容能够自我修正和完善等特点,引起了研究者的广泛关注。维基百科具有面向普通用户编辑的知识构建模式,包含了各领域专业知识。我们可以通过充分挖掘维基百科中分类、词条之间的语义关系以及词条内容来构建某一领域的原始本体,为其后的本体学习和应用提供一个基本架构。基于维基百科的领域本体构建方法,通过提取维基百科的知识体系和知识属性,实现原始领域本体的自动化构建。与路径无关的矢量方差方法,通过计算领域中每一个分类和条目的所属度,选择所属度大于阀值的分类和条目作为领域本体的内容,然后挖掘每个信息盒的内容来获取实体的属性。最后通过人工识别的方式验证提取的分类和条目的有效性,以及所构建的本体的准确性。

通过提取维基百科数据,挖掘数据中的语义关系构建领域本体的架构,其具体方法如下:第一步,根据领域名称通过分类关系抽取所有的维基百科分类和知识条目;第二步,使用与祖先路径无关的矢量方差方法计算抽取数据中所有分类和条目的领域所属度 I,提取那些所属度 I 大于一定阈值的分类和条目作为本体的分类和概念;第三步,通过识别每个条目中的信息盒这种特殊结构抽取知识的属性;第四步,将分类、概念和属性转换为 OWL 文档。

(二)基于维基百科的本体构建

1. 维基百科数据分析

维基百科是一个数据开放的网络知识库,它的所有分类和条目都是由普通网络用户自由编辑的,并且以 XML 文件和 MySql 数据表形式提供给用户。维基百科条目页面中通常包含实体的基本概念解析、组成元素或属性等内容,这些可以构成本体中的概念、属性和实例。维基百科词条可以通过内部链接与其他实体相关联,通过这些超链接可以挖掘本体中概念与概念、概念与属性之间的关系。我们采用 OWL 语言来表示维基百科中的知识,基于维基百科的本体构建可以转换为构建 OWL 文档,其实质就是通过挖掘维基百科中实体之间的关系,用 OWL 语言描述。OWL 通过以下内容描述类和个体之间的关系。通过处理维基百科提供的结构化数据,提取可由 OWL 描述的语义关系,转化为上段所示 OWL 关系定义。

2. 有效知识提取

早期文献中提出了基于维基百科知识库的构建方法,但是并没有认识到维基百科知识分类系统主要是为了便于用户查询而做的知识导航,其分类结构与学术定义存在偏差,另外这种方法并没实现本体属性提取。在维基百科的分类结构中,其主要包含了导航、主题索引、科学目录分类等内容,以方便用户查找、编辑和阅读,所以该分类结构并不是完整的科学分类结构。在维基百科中很多类别和条目都属于多个类别。为了提高领域本体准确性,我们需要消除无效的、与指定领域关联性较小的分类和条目。在此引入 Masumi Shirakawa 等提出的 VVG(Variance-based Vector Generation)基于矢量方差方法,该方法通过计算某个条目或者概念对于某个类别的所属度(Belonging Degree)来判断该概念是否属于这个类别。

3. 知识关系的建立

知识的关系是知识之间的内在联系,也是本体的基本要素,知识之间关系的建立就是将散落的知识点组织成有机知识结构。在维基百科数据表中的 category links 数据表中存储了分类到分类、分类到条目的关系,这可以分别转换为上下位关系和实例关系。在 redirect中存储的是维基百科重定向的条目,这可以转换为同义词关系。

4. 知识属性的提取

在 OWL 中,Object Property 表示对象属性,即两个类的实体之间的非分类关系;data type properties 表示数据类型属性,表示个体与数据类型的关联。如:"程序员从事程序开发",其中"程序员"和"程序"为两个不同类别的实体;程序员有一个"年龄"属性,年龄的类型为整数型数据。在维基百科中,有很多条目包含信息盒这种特殊结构,以半结构化形式出现在条目的 XML 文档中。利用信息盒的这种结构关系可以非常准确地识别维基百科概念的属性,设计者可转换为本体中的实体属性。

二、基于本体的知识检索

知识工程的两大内容包括知识的存储和知识的检索。本体在知识结构表示方面有明显优势,但是这仍然不能满足用户的需求,因为大多数的知识内容,是本体无法表述的,这些知识内容一般存储在非结构的文本中。这就需要引入全义检索技术,在结构化的知识本体和非结构化的知识内容之间建立联系。这样用户可以通过检索获取相关的知识点和知识包含的详细内容。

(一)基于本体推理的知识检索

传统的知识检索机制主要是基于关键词匹配规则返回结果。由于用户给出的关键词具有不确定性,关键词与用户真实的需求存在偏差,用户检索内容的需求符合度与用户的知识积累有直接关系。例如,用户需要一款支持 C + +语言的静态代码分析工具,用户可能只知道一款 Find Bugs 的软件可以进行静态代码分析,对 Find Bugs 检索返回的结果发现 Find Bugs 是用来检测 Java 代码的工具,不支持 C + +,这样用户就需要重新选择检索的关键词。为了解决上述问题,设计者需要对传统的检索机制进行改进,对用户查询内容进行语义扩展。随着语义网技术的发展,本体的推理技术逐渐应用到语义扩展领域。

1. 基于 Jena 的本体推理

Jena 是一款能够良好支持本体推理的工具,其自带推理规则并且支持用户自定义推理规则。Jena 具有良好的可扩展性,用户既可以使用自带推理器,也可引入第三方推理器。Jena 实现本体推理的具体流程如下:第一步,根据 OWL 三元组描述信息和本体信息,利用规则来创建推理机;第二步,将推理机和需查询推理的本体绑定,得到检索的模型对象;第三步,根据 Ontology API 和 Model API 对模型对象操作处理;第四步,通过对知识概念推理实现对用户检索内容的语义推理,得出相应结果。

2. SPARQLL 查询语言

SPARQLL 查询语言是在 RDF 查询语言(如 rdfDB、RDQL 和 SeRQL)基础之上构建的功能更强大的 RDF 查询语言。SPARQLL 可以在不同数据源进行查询,该数据可以是本地存储的 RDF 或中间过程产生的 RDFO SPARQLL 查询包含必需图模式和可选图模式。SPARQLL 还支持可扩展的检测,并通过源 RDF 图制约查询。SPARQLL 查询的结果可以是结果集或 RDF 图。它包括三个独立的部分:查询语言规范、SPARQLL 语言的数据访问协议和返回查询结果的 XML 格式。SPARQLL 查询语言可以完成下述任务:①通过 URIs 形式、无格式字符、空白结点等形式提取相关信息;②提取 RDF 子图;③在 SPARQLL 查询图的基础上构建新的 RDF 图;④SPARQLL 查询语言提供了查询语言类似于关系数据库所使用的 SQL 语言。RDF 图可看成是一个三元组,包括实体、属性和值。SPARQLL 查询语言的实质是基于图模式匹配的查询语言即三元组模式,与 RDF 三段结构很相似。

SPARQLL 查询语言的语句主要包括 Select 子句和 Where 子句两个部分。其中,Select 用来定义识别查询结果中的变量,Where 子句包含了一个三元组。PREFIX 子句表示导入的 RDF 资源,在 SELECT 定义两个返回变量 tool 和 language;WHERE 子句中是一个三元组,(tool,developed,language)。这个查询语句的意思是查询出所有 Tool 类实体所使用的开发语言。

3. 推理规则

推理规则在 Jena 中被定义为一个 Rule 对象,该对象由 body termslist、head termslist 以及可选的名字和可选的方向来定义,其中 body terns 是推理的前提,head terns 是推理结论。term 分为三类:三元组模式(triple pattern)、扩展的三元模式(extended triple pattern)和内嵌过程原语的调用。一个规则集是一个简单的规则列表。

4. 知识检索策略

知识检索策略是知识检索的主要环节,理想的检索策略直接影响了检索系统检索结果的准确率和查全率。知识检索策略主要利用知识之间的关系进行语义的扩展。针对不同的查询目的需要遵循不同的检索策略,不同的检索策略需要利用不同的概念关系。在知识检索时用户通常需要了解与检索知识相关的知识内容,例如前导知识、后续知识和相关知识。这就需要制定的检索策略能够很好的实现知识的扩展。

基于《知网》(Hownet)定义的概念间关系指定查询策略。《知网》定义的关系包括上下位关系、同义关系、反义关系、对义关系、部件 - 整体关系、值 - 属性关系、实体 - 值关系、相关关系等。SUPER 和 SUB 策略是对查询知识的“一般化—特殊化”处理;RELATE 策略是对检索知识的相关知识查询,并找出语义最接近的概念;CONTRARY 策略是对检索词的反义词组查找,PARALLEL 策略是对检索词的同义词组查找,但是 CONTRARY 策略的查询结果会与检索内容意义相反,所以较少使用;PINPOINT 策略与 PARALLEL 相反,不进行同义或者近义词扩展以便精确查找;RECORD 策略是将用户的检索记录进行存储下来,类似于搜索引擎的查询日志,这些记录可作为日后语义分析的语料;SELECT 策略是分解复杂查询,把查询的目标集合缩小为一个子集;SPECIFY 和 EXHAUST 策略将查询式的逻辑"与"和"或",它将查询目标分解为多个子集的逻辑组合查询,这增加了查询的灵活性。

(二)基于全文本检索

在过去对于非结构化的文本知识管理方法,主要依靠知识标引技术,包括手动标引、半自动标引和自动标引等技术。但是知识的标引技术需要耗费大量人力、灵活性较差。随着互联网大数据时代的到来,基于关键词的全文索引技术逐渐被人们采用。全文检索区别于其他使用标识的检索机制,它是对信息的全部内容构建索引。计算机需要扫描文中的每一个词语,并且记录下每个词语在文中出现的频率和位置,检索系统会检索每一个词语的索引并返回结果。这类似与从词典中查找词语的过程,需要按词的拼音顺序查找的词语,然后查看词语解释。一个功能完整的全文检索系统应当包含索引引擎、查询引擎、文本分析引擎和对外接口四个核心部分。检索系统还应该提供对索引的增删改查功能、查询返回结果集排序功能,以及索引优化功能等。

1. 基于 Lucene 文本索引

Lucene 作为一个全文检索引擎,其具有如下突出的优点:①索引文件的跨平台应用。Lucene 使用的索引文件是一套以 8 字节为基础的文件形式,能够适用各种操作系统平台;②Lucene 采用的是倒排索引技术,能够对新的文件建立小文件索引,查询速度快。并且在 Lucene 为用户提供了功能强大的查询接口,支持布尔查询、模糊查询和多域查询等,也可以对这些查询进行组合来实现更为复杂的查询。基于上述优点,将 Lucene 作为文本索引构建工具,实现软件工程知识索引。

(1)分词器选择。在 Lucene 建立索引之前需要选择分词器对需要处理的文本进行分词。本研究目标是建立中文知识库,所以需要选择一个合适的中文分词器。在英文或者其他拉丁语系语言中,单词是最小的语义单位,单词之间用空格作为分割符。然而,中文的最小语义单位是多字或者单字的词语,在字与字、词与词之间都没有分割符,当对中文做一些自然语言处理时就需要选择一款分词准确度高的中文分词器。目前中文分词技术仍处于不断完善的阶段。

(2)建立检索域。Lucene 中基本数据结构包括索引(index)、文档(document)、域(field)和项(term)。其中索引包含了一个文档的内容序列,一个文档由几个域组成,一个域由若干项组成,项中包含了具有独立语义的字符内容。

域是 Lucene 一次原子查询的空间,用户可以根据需要,将文档内容存入不同的域中,这样检索时可以分域查询。例如,定义"filename"域来存放文件名的索引项,定义"content"域来存放文本内容的索引项。当用户需要通过文件名检索或者获取检索结果所属的文件名时,就可以通过 filename 域来直接获得所要的查询结果。

2. Lucene 检索

Lucene 不仅为用户提供了丰富的 API 来构建满足自己需求的查询器,而且提供了功能强大的查询语法 Query Parsero Query Parser 通过 Analyser 分析器解析用户输入字符串将用户手工输入的文本转化为相应的 Term 并生成相应的 Query 对象,这使 Lucene 的查询功能更加灵活和强大。通过 Query Parser 对字符串的处理,Lucene 查询器能够支持跟自由的用户输入,这是对本体推理功能的有效补充。

三、系统设计与实现

（一）系统应用场景

目前，用户查找所需图书仍然只能依靠对书目查询或者对文章简介的查询，用在查询时只能先确定好要找的书名，再去书中查找需要的内容，这样费事费力，甚至导致用户购买的很多内容都重复，或者不能满足要求的图书。为了解决上述问题，基于本体知识库的软件工程图书内容检索系统，通过将图书的电子文档存入系统中。当需要查找软件工程相关的图书时，用户可以通过在该系统中输入想了解的知识点，系统会通过知识库的语义推理功能，推理出相关知识，并通过全文检索技术查找到所有相关图书，并将书中内容返回给用户。这样用户可以根据返回内容决定这些书籍是否是自己所需的。

（二）系统架构设计

系统总体包括三大功能模块：基于维基百科的本体构建模块；基于关键词的知识索引模块；基于本体推理的知识检索模块。

1. 基于维基百科的本体构建模块

本体构建模块通过提取保存在数据库中的维基百科知识结构，知识之间的关系映射成 OWL 关系。此外，该模块可以识别维基百科知识页面中的信息盒子数据结构，并且能够将信息盒中的属性映射为本体属性，最终构建出一个软件工程领域本体。

2. 基于关键词的知识索引模块

知识索引模块主要实现了对文档的导入功能，允许用户以可视化方式将 PDF 或者 Word 格式的文件导入知识库，以扩充知识内容。该模块主要通过关键词标引技术对用户导入的文本构建索引。

3. 基于本体推理的知识检索模块

知识检索模块主要应用本体推理技术，对用户查询关键词进行推理，然后形成一组相关概念集合，然后再根据全文本检索技术，对上一模块构建的索引进行查询，然后根据 Lucene 评分机制将查询结果按得分大小返馈给用户。此外，该模块为用户提供软件工程领域知识图谱以及知识导航树，使用户更方便地学习软件工程知识、更准确定位检索关键词。在知识的查询结果的展示内容上，该模块提供了维基百科知识和用户导入知识两类知识展示，更好地满足了用户对知识的需求。系统架构采用三层架构，从下至上依次数据存储层、语义逻辑层和文本处理层。

（三）系统实现

1. 系统开发平台和工具

系统在 Windows 7 操作系统下开发，运用了开源的 SpringMVC + Ibatis 的 MVC 模式，前端 Web 页面基于 Bootstrap 开源框架开发。系统使用的开源工具如下所示。Prot4.3 是斯坦福发现医学院信息中开发的一款开源本体编辑和知识获取软件，该软件基于 JAVA 语言开发。该软件提供了面向开发人员的 API 和面向普通用户的具有图形化界面的可执行程序。Lucene 提供了一系列基于关键词的索引构建方法和全文检索方法，基于这些方法用户可以快速开发高效的搜索系统。Jena 是惠普实验室开发的一款基于 Java 开源软件，Jena 提供了一系列的操作 OWL 文档的方法，并且支持 SPARRL 查询和本体推理。D3

(Data-Driven Document)是一款非常流行的可视化 JavaScript 库,很多项目使用 D3 库作为大数据展示工具。D3 可以被很多表格插件使用,它允许绑定任意数据到 DOM,然后将数据驱动转换应用到 Document 中。

2. 领域本体的构建

领域本体的构建主要是通过抽取维基百科中软件领域的条目数据和知识结构,然后对其知识结构优化,识别出有效的软件工程知识,构建出软件工程知识本体。

(1)数据准备。在构建本体之前,设计者需要从维基百科官方网站下载数据,包括 category links、page、redirect 三个数据表压缩包和 zhwiki - 20140826 - pages - meta - current. xml. bz2 文件包。在三个数据表压缩包中存放的是 Mysql 数据文件,而 zhwiki - 20140826 - pages - meta - current. xml. bz2 文件包中存放的是维基百科所有页面的内容信息,这些信息按照维基百科定义的 xml 结构存放。由于 zhwiki - 20140826 - pages - meta - current. xml. bz2 解压后是一个大约 8.5 GB 的 xml 文件所以我们需要对该文件进行切分并存入 Mvsql 数据库中。通过分析维基百科 xml 数据的结构,在 < wikipedia > 根节点下包含了很多 < page > 节点,每个 < page > 包含的内容就是维基百科的条目内容。在 < page > 节点中,我们需要获取 < title > 、< id > 、< timestamp > 、< username > 和 < comments > 五个节点中的内容。其中 title 为维基百科条目的名称,id 为该页面的编号,timestamp 为条目创建时间,username 为创建该条目的用户名,comments 为条目的主要内容。然后我们在 Mysql 数据库中创建一张数据表 pagecontent,其字段于上述五个节点对应。

(2)本体构建。本体自动构建方法是根据维基百科知识结构图,自顶向下递归遍历的过程。首先将"软件工程"条目,title 和 pageid 输入与路径无关的矢量方差算法(Path - independent Variance - based Vector Generation)中,算法将递归执行,逐层将维基百科知识结构转换成本体。在此过程中使用了 Protcge API 来创建本体文件,具体流程如下:第一步,需要创建一个 Jena OWL Model 表示一个本体;第二步,在递归知识结构过程中创建具名类和实体;第三步,根据已抽取的条目 pageid,从 pagecontent 表中抽取这些条目的内容信息,通过正则表达式提取出信息盒 Infobox 中的信息,从而获取本体中实体的属性;第四步,本体构建完成后,使用 Jena 提取出本体的结构信息,并将信息转换间 Json 数据绑定到还是用 D3. js 开发的数据可视化页面中,将数据通过知识树和知识结构展示出来。

3. 知识索引的构建

知识内容索引建立模块,主要是在 Lucene 全文索引框架下实现。该模块包含知识的文本内容,通常存储于非结构数据中,例如 word、PDF 和 Html 文档中。在创建索引之前,通常需要对这些文档文本提纯,祛除多余的文本结构,还需要对知识范围进行划分、分割文本,以便构建出粒度较小的索引结构,提高检索时的准确度、查询效率。大多数文献资料、期刊文章以及网络博文都包含了标题、章节、小标题和段落等这几种结构。如果以段落划分知识,那么知识的描述可能不完整;如果以章节划分知识,可能造成查询准确率不高。综合考虑以小标题结构划分较为合适,粒度适中。

4. 基于本体推理的知识检索

本体推理的知识检索主要通过本体推理对用户检索词进行语义扩展,具体流程如下:第一步,对用户输入内容进行分词,分词器选用中科院的 ICTCLAS 中文分词器,并根据本体库识别出用户输入内容中包含的软件工程领域知识词汇；第二步，基于 Jena 的本体推理以及建立好的本体库和推理规则，对获取的知识点进行推理，并将推理结果送个 Lucene 查询器；第三步，Lucene 查询器根据定义的查询原则，实现所建立索引的检索，并将最终结果展示给用户。检索系统经过本体推理，推理出了知识的相关概念，并且能够返回相关概念的知识内容，实现了一定的语义检索能力。

综上所述，随着信息技术不断发展，人们对知识的需求也在不断增长，知识工程建设任重道远。作为语义网的重要内容，本体技术仍然处于发展阶段。本节主要以软件工程为例，对领域本体构建方法和基于本体的知识检索方法进行了一定深度的研究，但是在以下两方面仍需改进：一方面，本体的构建是一个不断更新、学习、进化的循环过程，所提方法可以构造的是一个原始本体，其包含了一个领域主要的知识点和知识结构，其中的知识关系种类较少。另外，本节所提基于信息盒的本体属性挖掘方法仍然有一定的局限性，因为维基百科有很多页面不含有信息盒。因此，接下来的研究重点应当在通过自然语言处理技术提取出更多种类的知识关系和属性模板；另一方面，在基于本体知识服务方面，虽然可以利用本体推理技术实现在检索时的语义推理，但是推理的结果准确度仍然有待提高。此外，实现本体推理仍然需要手动定义推理规则，需要人工参与，希望能在推理规则自动构建方面做进一步研究。

第七章　逻辑学在计算机软件工程开发中的应用

第一节　软件工程技术中的生命周期逻辑的应用

逻辑学与计算机之间有着密切的联系,逻辑学的发展为计算机的产生准备了充分的条件,同时计算机的发展也推动了逻辑学的发展,因此,这两者之间是处于你中有我,我中有你的状态。由于逻辑学与计算机之间存在紧密的联系,学科之间的渗透是当代科学的一个重要发展趋势。计算机软件工程是现代社会信息化发展的重要保障,因此,大力发展计算机软件工程,同时创新计算机软件工程技术,对于多个方面的发展都能够带来积极的作用,从而促进整体的进步与发展。在计算机软件工程开展过程中,生命周期逻辑的应用已经成为一种必然的趋势,将逻辑学合理应用于计算机软件工程技术中,不仅有利于推动计算机软件工程技术得到更好的发展,而且在很大程度上也能促进整个社会得到进步。

一、生命周期逻辑应用在软件工程技术中的提出背景

目前,现代逻辑中对软件工程研究领域中的人工智能与识别的深入研究比较多。例如,想要研究的软件工程技术中软件开发团队模式,我们可以利用逻辑方法去分析其中的合理性,合理的定义整个开发组织中的各种角色、职责和技能要求,合理明确"谁"、在"什么时间"、做"什么"、"怎么做"和如何评测等内容,不断改进软件团队的生产效率和软件产品质量以此对软件工程中软件领域建模进行深入研究,可以类比于数学建模,选择几个经典领域比如说高考阅卷系统、校园卡建设、地铁管理系统、环境评价体系等的一个或几个进行对软件领域建模。数理逻辑与计算机的结合是现代逻辑学发展的第一次转向。

20世纪40年代,冯诺伊曼在从事电子计算机的研制时,把20世纪30年代中数理逻辑的成果特别是图灵机的成果充分加以吸收,从而为现代电子计算机的研制做出了开创性的贡献。包括图灵机理论在内的可计算性理论现在已成为整个计算机科学的基础理论,它是不可缺少的工具。数理逻辑的成果推进了计算机科学的发展,同时,数理逻辑也随着计算机科学的发展得到广泛普及。当前,逻辑研究正在经历第二次转向——认知转向。逻辑研究与认知科学相结合起源于当今计算机科学发展的需要。当前计算机科学发展进入了知识处理和智能模拟领域,各国科学家们正致力于研究具有人类智能的第五代计算机,这种计算机能够模拟人的各种感知以应对外界的变化。由于当代科学对人脑研究还是处于黑箱阶段,不能揭示人脑内部活动的全部过程,因此利用逻辑知识模拟其内部反应过程并以此做成应变系统是不可能的。然而,尽管人们对人脑内部活动不了解,但可以掌握它的外部反应。与此同时,一系列尚待解决的新问题和急需研究的新领域也不断突现。人们在上述方向上已取得的成果和未解决的问题已是逻辑学家所关注的热点,这

一切暗示着逻辑学正在经历它诞生以来的又一次重要的变化:逻辑学的认知转向。上述交叉学科将带动逻辑学和认知心理学的发展,使它们为信息科学尤其是计算机科学的理论与应用提供方法。因而,说明逻辑在此研究具有重要意义。我们知道,计算机领域对于几个逻辑体系不同计算机或软件系统也存在着互连和兼容的问题,我们不能保证所有的软件系统可以兼容,如何进行协调?如何使其最大程度上兼容?如果不能兼容,软件系统可否自动予以调整?这些都是需要研究的问题。其实计算机逻辑语言并不多,大家在编写相关程序的时候是可以考虑兼容性的,但是有许多逻辑语言是不完备的,用来开发出来的程序具有许多漏洞,如果两种不同语言开发出来的软件可以兼容,并且能够减少运行中的漏洞,提高运行的安全性,从逻辑语言相容的角度来考虑,可以提高编程效率。可以运用逻辑技术深入研究利用逻辑系统兼容性研究,更便于程序员开发设计软件,节省大量的人力、物力并且在后期的软件维护中,通过这些研究也便于改进软件。

从应用的角度,交叉学科将带动逻辑学和其他学科的发展,使它们为信息科学尤其是计算机科学的理论与应用提供方法。智能软件开发方向主要研究以认知逻辑、非形式逻辑、数理逻辑和人工智能的逻辑为工具,以人类知识表达为背景,结合具体学科的知识表达和推理特点,建构智能化推理的模型,开发具有实用性的智能软件,将人文社会科学的技术成果转化为生产力。我们既要运用到数学建模方面的知识,也要用到计算机软件设计知识,又与当代逻辑发展和应用密切相连,这体现了学科间的交叉性和融合性,同时无论是对于逻辑研究还是对于市场分析都具有非常重要的意义。

对于软件工程技术而言,如何提高软件在各个阶段的工作效率至关重要,而对于软件的描述,软件的管理以及软件的文档等方面的研究,也是软件工程技术研究的主要内容之一。从方法、工具、过程来看,即我们可以从软件工程的三要素来展开研究。我们通过逻辑学中的类比法,可以把软件工程的各个生存周期,看成是人的生命周期。人首先从婴儿、幼儿时候开始,而软件也一样,首先从定义开始,在此阶段我们会涉及问题的定义,可行性分析等,如何对一款软件进行需求分析并对其定义,在后期软件开发和维护中非常关键;其次,人经历了从儿童—少年—中年,这个阶段可以看成是软件开发的阶段,在此阶段我们依旧要学会从需求分析入手,然后到概念设计,随后是详细的设计,此外还要通过编写代码,进行测试,最后是对软件进行发布。在这样一系列的软件过程中,我们不难发现,无论设计哪款软件,首先都需要从问题的确认和范围的角度入手,这时候,我们首先应该分析一下市场的需求,也即开始需求分析。在得出需求分析结果的同时,我们才能够进一步的通过一些方法来辅助我们获得想要的实验数据,以此来对这个软件进行可行性和有效性的分析,关于可行性和有效性的分析我们能够结合逻辑学中的可行性和有效性的分析来理解。我们知道在逻辑学中检验一个真值函项模式的有效性和一致性的时候,我们通常是对真值函项式进行真值分析,在真值分析的时候,如果每种情况下,得出的结果都是真的,那么这个时候我们就认为它是有效的或说是一致性的;如果在每种情况下,得出的结果都是假的,那么这个时候我们就认为它是不一致的。其次,我们对有效性的证明的时候,当遇到一种情况是假的,那么我们对有效性的证明就可以停止。

综上所述,我们也可以把逻辑学中对有效性或一致性的检验方法运用到需求分析中,我们在需求分析的时候,如果提出的每个步骤都符合用户需求,那么我们可以认为这个分析是正确的;反之,如果我们对每个步骤都不符合用户的需求,那么我们则认为这个分析是错误的。当然,如果在需求分析的时候,如果出现一种情况是不符合的,还可以继续完善,不一定要放弃这个方案。这也是与逻辑学中对真值函项判断的有所不同的。

二、软件定义阶段生命周期逻辑的应用

在软件定义阶段,主要有以下三个方面:首先是问题定义,其次可行性分析,最后是立项或签订合同。我们知道在设计某个软件的时候,我们不可避免的需要考虑它的市场价值,因而软件的经济性和有效性也一直是我们需要考虑的问题。这时候我们可以选用一些简单的,容易实现的一种方案来实现。由此可见,对于软件的开发者而言,在软件的这样一个过程中,设计者需要明确地知道软件需要做什么以及不需要做什么,这样才能在设计软件的时候知道出发点以及目标,而不是盲目的追求功能的实现和运行,不考虑有些功能的有效性和必要性。因此,在初期设计出一个合理精确地范围文档在软件开发过程中是非常重要的。如果一开始所设计出的文档语义不清,表达内容模棱两可,这就会造成不必要的麻烦。例如,当某医院需要一个医药管理软件,这款软件的部分功能是病人也能查询到医药的价格,但是不能查看库存或者盘点药品等功能。而软件开发者在设计的时候由于一开始对该医院所需求的软件定义不明确,或者是因为该医院在表述该软件功能的时候对这款软件的实现表述不明确。最终导致的结果是设计出来的医药管理软件,病人根据他们个人信息登录进去也能查看到该医院医药的库存等方面的信息。这种由于一开始的表述不精确,给双方都造成了麻烦。下面我们先通过了解逻辑学中如何对概念进行概括和限制,再通过对比,知识的迁移运用到软件定义阶段。

(一)相关概念的内涵和外延

在逻辑学中,我们在对概念进行描述的时候,会用到概括和限制这两种方法,同样这样的两种方法也适用于软件工程需求分析阶段文档的描述。我们首先要先了解概念的概括和限制的具体用法,这样才能准确的把握概念的内涵和外延。如何对一个概念的内涵或外延进行增加或缩小呢?这是接下去我们要研究的问题。我们常说要有正确的逻辑思维,而正确的逻辑思维就需要我们对概念有所了解,也即需要概念明确,我们在概念明确的基础上,才能准确的把握概念的内涵和外延。那什么是概念的内涵呢?在逻辑学中,对其定义是反映对象本质属性的概念。对于限制而言,字面上理解是缩小其范围。那么在逻辑学中如何理解呢?逻辑学中有两种概念:属概念和种概念。我们把表示范围大的概念称为属概念,把另一个表示范围小的概念称为种概念。而逻辑学中对于限制的定义,首先需要判断我们所需限制的概念是否具有种属关系。也就是说范围小的概念和范围大的概念之间需要存在着种属关系。简言之,我们的限制是把范围大的概念也即属概念,通过限制变成范围小的概念即种概念。也即限制是通过增加内涵,缩小外延,从属概念得到其种概念的逻辑方法。综上所述,我们知道内涵是揭示概念本质的,那么对于概念的外延,我们用什么来揭示呢?此时,逻辑学中我们把它称为划分。此外,我们知道限制是由某个概念的属概念得到种概念的这样一个方法,那么如果这个过程反过来看,就得到逻辑学中的另一个定义,即概括。当我们需要扩大某个概念的外延的时候,我们可以运用概括。这样这个概念的内涵也相应减少了。下面我们可以通过几个例子来具体区分一下以上几种

情况。如:“学校”到“中学”,这个例子中我们对“学校”进行了限制,从而使得其更具体化了。但是根据限制应用条件可知,我们在使用的时候,一个要注意这两个概念之间的关系,如果不具备上述条件,我们使用限制就是错误的。例如:“城市”限制为“农村”这就是错误的,因为“城市”和“农村”这两个概念并不具备种属关系,两者是并列关系。“麻雀”能概括为“鸟”,不能概括为“哺乳动物”,从抽象的角度来考察:“鸟”是“麻雀”的抽象,而“哺乳动物”却不是“麻雀”的抽象。通过以上的例子,我们在运用的时候一定要判断好你所要运用的对象是不是具备种属关系,如果不具备就不能乱用,否则就容易造成错误。

既然种属关系在应用的时候如此重要,那么,我们就需要对它进一步的认识和理解。在概念外延间关系中,对于相容的关系我们又把其分为全同关系、属种关系和交叉关系。我们主要看属种关系,概念S,P有属种关系,是指所有的S是P,且有S不是P如“学生”和“大学生”有属种关系。属概念:外延较大;种概念:外延较小。我们又可以把属概念称为上位概念,而把种概念称为下位概念。同时,概念S,P有属种关系,则P,S有种属关系,反之也一样。概念S,P有属种关系,也称S真包含P,或P真包含于S。对不相容关系,不相容概念有一个确定的属概念,称为论域。概念的不相容,分为矛盾关系和对立关系两种。对矛盾关系而言,S和P不相容,但是S和P的外延和等于其论域M,如“白虎”和“非白虎”就是矛盾关系;对立关系,S和P不相容,但S和P的外延之和小于其论域M,如“白虎”和“黄虎”就是对立关系。

(二)定义阶段生命周期逻辑的具体应用

通过上述逻辑知识,我们可以把它应用到需求分析中,在对软件进行范围描述的时候,我们把一个描述对象的定义定的过宽时,就可以对它加以限制:同理,如果我们把它定义过窄的时候,同样也可以通过概括的方法把它进行扩大。无论是限制还是概括一定要谨记上述的种属规则。下面将通过事例来说明它具体的应用。当我们在设计一款管理软件时候,如果不对这款软件在使用的时候对人数加以限制,就会导致服务器压力过大,并且当登录人数过多的时候,容易造成程序“假死”现象等。这时候,我们可以对其加以限制。例如,此款软件原来对人数没有限制,这时候我们可以加以限制为:此款软件最多只能支持600个人同时在线,软件最多支持60台终端收银机的联网工作,数据库必须在Oracle 8.0支持下才能运行等。当两者没有种属关系,我们在运用的时候就会出现错误,如软件设计中需要设计一款录入软件,他们在对其进行范围描述是管理软件,而管理软件和录入软件之间不存在种属关系,这两款软件概念间是交叉关系,录入软件中有管理软件,而管理软件中也有录入软件。这两款软件如果用S和P表示,就能表述为有的管理软件是录入软件即有的S是P,且有的管理软件不是录入软件即有的S不是P。因此,在问题描述时候不能混淆概念,否则容易导致不必要的错误。因而,我们进行前期分析的时候分清概念之间的种属关系非常重要。

我们在对问题的确认和范围研究时,会对范围加以约束,主要分两个方面加以约束:一方面,开发者范围的约束,如何理解这点呢?我们知道软件的开发人员,在设计软件的时候,会在头脑中形成多种方案,但是往往由于思考的过多,设计的时候渗入过多自己主观的想法,容易把一个简单的问题复杂化,这样不仅浪费了大量的时间,也达不到用户所需要的设计效果。由此可见,对软件开发者进行范围约束是必不可少的;另一方面,客户范围的约束,对于软件设计者而言,设计的软件肯定需要满足用户的需求,但是用户对软件设计以及代码编写很显然并不了解,他们不懂得有时候他们提出的需求,实际上在已有的知识基础之上,并不能实现起来。如果此时,不对客户范围进行约束,后期设计出来的软件如果与客户所需求的软件不匹配,就会导致客户的不满,给双方造成不必要的矛盾。因此,前期对客户范围进行约束,很有必要。那么,我们该如何对这两种需求进行约束呢?依旧可以运用到上述的限制和概括的方法。

在这个流程中首先是范围描述初期,根据初始化需求清单,在这个阶段,客户会把对软件的全部功能罗列在一起。这样就会有一个典型的功能汇总。在这个汇总中,我们可以运用限制或者概括的方法对各种汇总的对象进行划分或归类,这样会使得描述更加清晰,比如,某个软件功能中需要支持交通银行、建设银行、浦发银行、农业银行付款,可以概括成支持银行卡支付,而不需要一一罗列出来,显得多余。同时使用时注意概念间的种属关系,如果两个概念不具有种属关系,那么我们就不能运用概括的方法把这个概念和那个概念混为一谈。比如:当我们在亚马逊网站上购物的时候,通常会有两个以上的购物付款选项,最常见的两种是货到付款和在线支付。而上述事例中的那些银行卡支付方式,很显然是属于网上支付的一种,这时候我们可以把这些付款方式归为一类。而货到付款这类当然不能归到这类中。通过上述事例,我们可以知道,在对软件的需求进行描述的时候,我们可以通过逻辑学中的一些方法对这些需求描述进行简化或者扩大,这样不仅提高了软件需求规格说明的准确性,也增加了描述的有效性。这样得出的需求规格说明书更符合我们要求,给客户和软件开发者都提供了方便。

三、领域建模生命周期逻辑的应用

在逻辑学中,任何概念都可以看成"类概念",可以说概念是思维的形式,承载着相应的思维内容,同时理性认识的基本形式也即概念。概念与语词或词组有一定关系。逻辑学中有以下几类概念:第一种肯定概念和否定概念,任何事情都是相对而言,这两个概念也一样,它们是根据概念所反映的对象是否具有某种属性来区分。其中肯定概念又称为正概念,而否定概念又称为负概念:第二种是普通概念和单独概念,其中单独概念的外延分子 =1,这是指 1 个对象,即独一无二的事物、专名或摹状物,而普通概念则是外延分了 2,也指一类对象、形容词或动词等。从这两类对象而看,它们是根据反映对象数目不同来划分的。第三种是集合概念和非集合概念,我们把反映集合体的概念称为集合概念,反之,不反映集合体的概念则称为非集合概念。我们把由两个或两个以上的个体经组合构成的统一整体称为集合体。综上,可以看出上述三种概念的分类是根据每个不同概念的内涵或外延在形式上的共同点进行划分的,因而概念的内涵或外延也反映出概念的本质。它们的两个特点分别从量和质两个方面来说明概念。外延从字面上理解,就说明了概念所适用的范围,而内涵则代表着这个概念所特有的属性。在计算机软件工程中的领域建模就可以运用到上述知识,领域建模是为了过渡到类图建模的,通过分析它,更好的帮助我们了解领域建模。在领域建模中有个问题域,这个问题域研究的是相关事物或概念对象。我们通常会运用图形来表示问题域里对象静态模型。其中,在领域模型中,关于它的描述主要有以下几点:概念类、概念类的属性以及概念之间的关联。而关于它的表达也是从三个方面入手：符合、内涵、外延。首先从符合来讲，就是把领域类中的图片或单词称为符合；而内涵则是对领域类的定义，和上述逻辑学中内涵有共同点，其中此时的外延就是对领域类定义的一组事例。举个例子：对于某销售场景的领域建模而言，其中包括概念符合有 Sale、date 和 time，概念的内涵为一次销售是购买交易事件，其有一个时间和日期，而概念的外延可以是 Sale－1、Sale－2、Sale－3。由此可见，逻辑学中的概念在领域建模中也有应用，我们学会对概念外延的划分，能够帮助我们更好的理解领域建模中的概念的外延，而内涵我们也能利用前面所了解到的种属关系，进行限制或者概括，这样能够更好的帮助我们来理解领域建模的内涵。

第二节　计算机软件开发阶段逻辑的应用

一、需求分析阶段逻辑的应用

对于软件的需求分析而言，我们知道设计软件都是为了满足用户的需求，当用户想要的一款软件与软件开发者协商过，双方达成一致，这个时候就需要一个范围描述文档，这个文档当然需要描述良好，不能比较粗糙，我们需要对文档进行细化，精确到每一项，对于这个细化的过程，我们称之为需求分析。需求分析可以说是对于软件进入研发后的一个关键阶段。因而，在需求分析的时候，设计人员需要花费较多的时间进行分析。如果在这个阶段花费的时间少了，那么后期就会造成不必要的返工和失败。这也是绝大多数软件工程师初期时候认识不到的问题，结果设计出来的软件和用户需要的软件不符或者达不到用户的要求，这样不仅浪费了人力、财力、物力，而且对于整个开发团队和项目组都造成了不必要的麻烦。当然对这些数据进行描述的时候，我们不单独的考虑，我们必须把各个数据之间的联系相互结合考虑，这时候通常会选用图形化的方法来进行描述，这样比较直观的反映了这些数据模型之间的联系，类似于逻辑学中的欧拉图，当我们需要说明概念中外延的关系的时候可以通过欧拉图来表示它们，这样更直观。但是，在对这些软件进行规格说明的时候，要做到尽量避免模糊性、不完全性、矛盾性和二义性。

对于不确定性推理，我们都知道它具有如下的特点：①缺少证据或证据不足；②规则的不确定性；③研究不确定推理的方法是不确定的。因而，虽然我们得出的结果具有不确定性，但是推理的结果又是合理的。通过以上，我们知道规格说明中的一些语句构成，可以运用命题逻辑的知识。复合命题和命题推理在命题逻辑中非常重要，在复合命题中，我们经常把判断说成是肯定或否定对象是否具有某种属性，因为我们知道每一个对象都是有一定的属性的，这种思维形式是对对象有所断定的。

对于软件需求的描述，我们不仅仅是通过对系统功能正常状态的描述，还应该考虑到其他可能出现的情况，比如出现指令错误的时候，我们应该如何处理，或者出现数据传输错误的时候，我们应该如何处理，我们需要全方面、多角度的考虑这些问题。特别是各种输入要充分考虑，以及要对故障情况充分认识和考虑，对于出现的一些故障也要有一定的认识，我们知道一个人的力量是有限的，这就说明，对这些软件的描述需要集思广益，不可能由一个人独立完成。当然，由于是多个人一起完成的，每个人都会有自己不同的观点，在对一个问题的处理上就会有自己的认识,这时候不可避免会出现一些矛盾的说法,特别是对此款软件所用的功能的划分,各种数据类型之间参数的传递、变量的类型以及之间的关联时,我们都需要仔细地检查对象。比如:当在传递类型,float - > int 类型,当 float 传递时,能直接把 int 类型转换成 float,但是我们知道系统会截取 float 变量的整数部分赋给 int 变量。如果使用多种类型的变量和常量,就会出现各种类型的混用,特别是在一个表达式或者在同一个语句中,C 语言会直接把它们转换成同一类型,在上述事例中就直接会把参数为 int 类型的转换成 float 类型。因此,分析员还应该在这些相互竞争的特性间做出恰当的选择,考虑到各方面的影响因素,使需求规格说明书在一定程度上向最佳的表现形式靠拢。类似的以功能划分为例,当某个功能出错的时候,此时发生故障,这时候发出故障信号 6,在程序代码中,我们知道此时会启动故障模块,但是,既然已经发生了故障,再启动本模块,不是自相矛盾吗,这样的描述在逻辑上称为逻辑错误。软件设计者在进行描述时候需要运用逻辑的基本规律,逻辑的基本规律包括:同一律、矛盾律、排中律和充分理由律。其中具有规范思维的确定性和协调性的是同一律和协调性,而规范思维论证性是充足理由律。

同一律的内容是每个概念、命题和其他思维形式,都保持一贯性和确定性。其公式是 A。“A”表示任一概念、命题和其他思维形式。“A”是“A”则表示在同一思维过程中,每一概念、命题和其他思维形式,与其自身同一。由此可见,同一律需要在同一思维中保持概念自身的同一。

矛盾律的内容指在同一思维过程中,两个互相矛盾和反对的命题,不能同真(互相矛盾的命题必有一假,互相反对的命题可以同假的)。矛盾律中必须要否定其中一个,不能同时肯定两个矛盾或反对命题,如:所有的科技人员都懂计算机,并且有些不懂计算机的是科技人员。其中第一个命题是:所有的科技人员都懂计算机;第二个命题是:有些不懂计算机的是科技人员。对于两个矛盾,我们不能同时肯定。这不符合矛盾律,此外还有一些矛盾,比如:自相矛盾,这个在逻辑学中,我们通常把自相矛盾起名为“悖”,而这个矛盾中的论点,我们把它称之为“悖论”,关于“悖论”这就比较复杂,不能仅仅从逻辑的角度来看,它与逻辑学、数学、哲学等多个学科交叉。

排中律的内容指的是:在同一思维过程中,矛盾命题不能同假,必有一真。其公式是:A 或者并非 A,公式中矛盾命题不能同时为假,必须有一真。我们在软件设计阶段有的时候需要用到排中律,当多人在进行软件需求描述时,如果出现矛盾,需要对其中一个人给出肯定性的结论,那么其中一方必须要是真的,否则这个描述就无意义。排中律只适用于矛盾命题,不使用于反对命题。

充足理由律的内容是指:在论证中,论题的成立必须有充足的理由,即论据真实,并且从论据中能够推出论题。论证中论据不真实,或论据推不出论题,则论题不具备充足理由,论证违反充足理由律。充足理由律必须满足以下条件:要有论据;论据要真实;论据能推出结论。我们对于某一个结论,在理由不充足的情况下,我们不能得出某一个结论,如果我们需要确定某个结论,我们需要进一步对其进行深层次的思考,这样推算出来的结论才具有可靠性。例如,当某个商店主需要设计一款基于配送服务的掌上收银机的系统软件,但是软件设计师根据自己已经有的判断,觉得店家需要的是一款基于计算机的收银系统软件，这个时候设计师和用户所需要的软件很显然是有出入的，当程序设计者根据已有的信息得出自己认为的结论，这样设计出来的软件，用户是不可能接受的。也就类似于违反了充足理由律。对双方都是造成了不必要的麻烦，因而，作为一名合格的软件设计者一定要充分考虑到用户需求，而作为一名客户也应该表述明确，不能给出的需求具有模糊性，只有双方多方考虑，才能使得设计出来的软件具有合理性，而不是只考虑到运行和实现，这样必然造成后期维护和服务的滞后。

二、软件设计（规范描述）逻辑的应用

在计算机系统和软件中进行实现，我们如何具体说明呢，在上述规范化描述的这个过程中，我们可以看出是从需求设计到软件设计，这样一个过程中也能看成是从非形式化到形式化的，当然软件设计阶段我们一般从两个方面来考虑，首先是需要把软件的需求转化成软件体系结构。在此阶段能够确定系统接口、全局数据结果或数据库模式，我们也称为概念设计，其次我们需要确定这些模块具体实现所用到的算法。局部数据结构，也需要用适当的方法来表示算法或者数据结构的细节，这个阶段也称为详细设计阶段。

需求分析和描述阶段是为了说明软件要做什么，而系统设计阶段就是为了说明怎么做，从以上两个方面，本文将从数理逻辑角度阐述与计算机程序设计的联系。数理逻辑和计算机科学的关系已众所周知。数理逻辑把人的思维分解为一些最简单和机械的运算，可以用机器来模拟它。从而出现了计算机、电子计算机。在使用计算机时要先进行程序设计。人们要有足够的数理逻辑训练。才能从事这种程序设计工作。在程序设计中，“如何设计正确的程序，如何防止在计算过程中出现错误。如何很快发现这些错误而及时加以改正，都是程序设计理论（软件理论）中的非常根本而又非常重要的内容。大家都认为，这些内容都与数理逻辑息息相关。事实上，它们或者就是数理逻辑，或者是用计算机语言书写的数理逻辑，或者是数理逻辑在计算机上的应用。”数理逻辑与计算机的结合是现代逻辑学发展的第一次转向。数理逻辑在这些研究的模式过于固定，例如，要是定义一个逻辑系统 M，一般步骤如下：首先，给 M 一个语法（包括字母表，合式项、合式公式）；其次，给定 M 公理集（包括逻辑公理和非逻辑公理）和推理规则集合；最后，研究 M 的语义模型。从以上三点不难看出逻辑系统的描述能力被限定在一个框架之中，没有突破。我们都知道数理逻辑所期望达到：有效性、协调性、完备性。通过分析我们知道对于一个有效的逻辑系统而言，它的定理集是固定的，所以导致构成 M 的定理封闭。以上可以看出，这种逻辑系统的“封闭性”将会造成我们的适用范围和表达方式都会受到严重的影响。当然从广义上研究数理逻辑，其是指包括一切用形式符号和数学方法来研究处理演绎方法的理论。数理逻辑的核心可以说成是形式化的方法和形式系统理论。对形式逻辑和逻辑就不再区分开来。形式化在程序设计初期，对其设计环境的构造和维护已经有着重要的作用，其能够对已有的工具进行改善以及对于新工具的开发方面也有一定的支持作用。通俗的讲，计算机程序设计所用的代码，也可以说成是一种形式化的文本。程序员在后台操作编写代码执行相关的指令，这些代码页就等同于一种形式化的文本。一条条的指令能够精确地描述执行所需程序的方法和动作。将逻辑的概念引入计算机制的思想可以追溯到对一阶逻辑证明的有效 Herbtand 对一阶逻辑证明的有效性分析，它奠定了现

代逻辑程序设计的基础。20世纪70年代初，Kowalski首先提出了算法二逻辑十控制，即将一个算法分成刻划算法的逻辑关系和刻划实现算法的步骤两部分的思想，他把设计者从烦琐的过程性程序设计中解放出来，从方法学上改变了现代软件工程的面貌。

如果我们运用传统的形式化方法，也许并不能很好的对这些形式化理论的一系列过程进行合理的描述，并且对于软件生产自动化而言，如果是运用传统逻辑的方法，很显然生产自动化是不能成功的。举个例子，当我们把P称为软件的演进，在这个过程中，我们知道设计的软件随着用户后期要求或者变化的变更也会出现新的变化，这个时候就需要软件开发者有个良好的互动，如果软件开发者与用户之间没有形成良好的互动，那么就会造成不必要的麻烦，此外我们知道这是一个不断变化的过程，很显然，如果仅仅是运用传统的数理逻辑进行精确的计算得出的结果很明显不是我们想要的，也即相当于是固定的逻辑而言，关于这点从发展观的角度来看，我们知道认识事物是不断前进和上升的，这其中又包含了新事物的产生和旧事物的灭亡。因而，我们需要用发展的观点来看问题，而固定逻辑由于都是固定的，所以不能满足发展的要求，所以它对于很多问题都不能解决，这就会使得许多问题受到限制，这也是封闭的固定的逻辑系统的弊端所在。我们知道随着逻辑学的不断发展，逐渐与很多学科有交叉，其中包括：心理学、教育学、数学、计算机等，其中与计算机结合中为我们所熟知的，即人工智能；当然也产生了一些学派，比如说逻辑学派、心理学派、符号学派等。关于人工智能的程序，不难发现，它是通过按照等级把思维处理组织起来，由此可见一个复合处理，也是会由一系列的基本处理组成的，以次类推，往后的更加精致和复杂的处理也是由若干复合处理的基本元处理构成的序列，我们再按照手段到目的这样的分析，对各种问题的解决进行试错探索，也可以选择性研究，我们要用计算机模拟人的智能，但是计算机只有在形式系统的执行环境下才可以实现，通过此方法把人的高级智能转化成形式系统，当然固定逻辑是不可能满足这个需求的。我们知道社会实践是检验真理的唯一标准，因而我们对这个社会实践的认知也会从实践到认识再实践再认识这样一个循环往复，不断变化的过程，我们知道检验真理的唯一标准就是社会实践。我们在感性认识到理性认识的这个过程中，再回到实践中去检验、升华和发展。如此循环反复的过程。这样的一个形式系统，有点类似于工具，会随着需求的变化如人工智能或者软件工程的变化而发展，这种不足在经典逻辑中也有体现。我们此时需要运用辩证的思维去发现问题，从对立中发现统一，又要从统一中发现对立，李未教授提出的开发逻辑系统OLS(Open Logic System)，该系统对计算机科学领域的研究有着重要的作用，通过对新的事实或者新的实验结果的了解，也可以展开推理，我们可以在此基础上提出反驳，并且提出新的假设，这种逻辑系统对认识和实践有着重要的作用和突破。

三、软件测试阶段逻辑的应用

软件测试是在软件的全部模块设计实现之后进入的阶段。对于软件工程中的软件测试我们知道，就它的整体而言其主要目的就是寻找软件存在的各种BUG，而测试人员只要找出来并不需要测试人员去修改，而是经过测试经理的审核，然后转给相对应的开发进行修改，开发修改完毕，会有一个回归问题的流程，所谓问题的回归就是将原先存在的问题，经过开发修改之后测试再次进行问题是否解决的一种验证。在测试之前，每一个测试人员都需要学习需要测试的软件的业务功能，只有在自己学会了正确的功能应该是什么样子的，才能对比出软件存在的缺陷和不足，从而提出问题的所在。就比如对网络安全的测试这一块，就需要测试人员对网络安全的知识有所把握；在对网管软件进行测试的时候，就要知道设备测试时用到的简单的配置的命令，知道如何通过在设备侧通过命令来搭建业务，当然也是需要知道业务的基本的流程的，以及也要知道在网管进行业务的搭建，以及两者之间进行对比查看彼此的异同点来寻找 Bug 等。很显然，在此时我们可以运用逻辑学中的观察，在这个过程中存在各种逻辑衔接，有利于测试人员更好的掌握业务的基本流程，从而利于软件开发人员进行纠错和简化运算，提高效率。例如：在软件测试阶段，我们可以运用归纳逻辑的知识来帮助我们更好的对比两事物的异同点。我们知道在归纳逻辑中首先需要进行资料的收集并整理，因而在软件测试的时候，我们在对比两者之间的情况也要先对一些知识点进行收集，然后我们通过观察有一个初步的认识，随后再使用一些科学仪器。比如对于软件测试而言，在测试时候经常会选用两种测试，即黑盒测试盒和白盒测试。最后我们再通过调研得出需要的结论。由此可见，这一系列的过程，我们能从归纳逻辑角度考察和运用。此外，所设计的软件是否满足需求规格说明的要求。在软件开发的过程中，最困难的是软件开发过程中的复杂性，以及需要修改的复杂性，此外还有软件过程中的一致性，以及修改性，当然软件在后期的不可预见性也给开发造成了困难。对于一个软件开发而言，因为每个人对某个产品或功能都可以有多种想法或者思路，因而设计出来的程序也是不唯一的，这样就会造成多种结果，这种千变万化的过程在软件测试中，要想对软件进行完全测试就不可能实现。当然对于一致性的要的软件也会随着改变。这就给软件开发者造成了不必要的困难，同时对于修改性而言，我们知道每个软件在设计的过程中，不可避免都会在后期存在着修改，这就导致后期过程中软件的维护比较困难，当然由于用户对软件的需求也会随着软件后期的变化而变化，这就对软件造成了不可见性，我们在需求的那个阶段就会对软件进行不停的返工，给软件设计者造成了不少麻烦。

在软件测试过程中，我们同样可以用逻辑学所用到的方法，我们在测试的时候，沟通也同样很重要。加强测试与开发的沟通有助于打开测试与开发之间的隔阂，并有效地配合彼此工作，提高质量。那么面对上述问题，我们该如何加强沟通，其实和上述逻辑学中的概念的表达也有关联，当我们每个人对这一观点有自己的看法的时候，如何更好的描述和表达出来非常重要。

四、软件维护中逻辑的应用

现在科技产品一般都有维修站，一般如果当用户在使用某个产品时如果出现一些问题，如何及时反馈和维修，这时候就需要用户在使用软件的时候认真的记录下出现的问题，这样软件工程师后期对软件的维护和修改才能找到症结所在。既然软件的错误和缺陷是确实存在的，这种情况一般我们也避免不了。此时使用软件的用户和软件设计者之间就存在着一个矛盾，那么我们该如何避免这样的矛盾呢？这也能通过逻辑学里的一些小知识点来看，如何理解用户和软件设计者的矛盾问题，可以对比得出比较科学的结论。因为，作为使用软件的用户肯定希望能够尽快改掉软件的问题和缺陷，而对于软件设计者而言，改掉这些缺陷和错误需要一定的时间。这样的一个过程，在软件工程中称为软件的维护，这样的一个维护过程从软件的生命周期来看，相对而言也是最长的一个周期。

软件的可靠性也是其中比较重要的因素之一，但是我们知道软件的更新替换很快，软件的运行需要硬件的支持，如果设计出来的一款软件，随着技术的进步，与这款软件相适应的硬件发生了变化，很可能这款软件也会作废，这时候我们只能放弃原来软件。软件的可移植性、可重用性以及可维护性一直是软件开发人员关注的问题之一。那么该如何提高软件的可靠性、可用性和可维护性呢？这就需要软件开发人员有良好的程序设计风格，这样才能在软件开发的过程中更好的做维护服务。在我们生活中，我们知道生活离不开交流，交流离不开语言，同样的我们为计算机编写程序，也需要设计出计算机能看懂的语言。当然随着工作环境或者硬件环境的变化，有些机器语言的可移植性会变差，因而如何才能更好的把机器语言用到计算机中，我们需要一个良好的用户文档，这样对于后期的维护和发展比较好。从哲学角度来看，这也是上升性原则的运用，我们知道我们在遇到新情况、发现新问题的时候，是在对于已有客观事物发展及其规律已经有的认识的基础上的，我们还需要进一步继续去认识。从而使得我们的认识进一步发展。通过实践，我们才能更好的对认识有个深层次的了解，这也是由于一开始，我们收集到的经验材料是不完整的、不全面的。同时刚开始我们对事物的认识都是在表层上的，我们无法深层次的去了解事物的本质。例如：当用户对软件产品不断熟悉，他们会发现许多问题和错误。为了满足用户需要，通常会对软件进行功能增加、错误更改。综上所述，在软件开发各个阶段，计算机与逻辑学相互促进，共同发展。

第三节　计算机软件项目管理中逻辑的应用研究

一、软件开发团队逻辑的应用

在软件开发的过程中，一个优秀的团队，如果具有一个优秀的软件工程师，对整个软件开发团队而言是非常重要的。因而，一个合格的软件工程师应该具有逻辑思维、责任心、技术水平等，这对于软件开发的成败有着关键的作用。但是，我们知道一个人的力量是有效的，面对一个庞大复杂的软件产品，不可能一下子完成这项工作。无论再怎么优秀也不可能单独完成。因而，我们可以采用团队模式。一个团队的工作效率和稳定性，对一个软件开发的成功与否有着关键性的作用。我们知道，对于一个团队模式而言，我们需要调动每个人的积极性，提高工作效率。也即，要充分调动每个成员的积极性，这样才能提高团队的工作效率。在软件工程中，有以下几种团队模式：第一种模式是民主团队模式；第二种模式是首领程序团队；第三种模式即其他形式的团队。在以上几种团队模式中，对团队模式的参与人员进行划分，有以下几种：高级管理者、项目管理者、开发人员、客户和最终用户这五大类，每一种团队模式均有它的优缺点。但是我们综观这些个团队模式，不难发现都有一个共同点，那就是决策对于这些模式的重要性。但是，并不是每个决策都有意义，决策主要可以分为科学决策和非科学决策两大类。只有科学决策对团队而言才是重要的。反之，一个非科学的决策对于软件开发而言是非常失败的，这不仅对软件开发造成巨大损失，而且也会给我们造成不必要的麻烦。

要想使制定的决策具有科学性,我们主要可以采取以下几个步骤:第一步,要认识问题,即当软件用户提出要求设计某款软件的时候,作为软件设计者就需要对该款软件有前期充分认识。在对用户所需要的软件有充分认识的基础上,这个时候软件工程师就可以确定目标,这个目标就是预期这款软件所要达到的结果。第二步,制订方案,关于方案问题,可以用几个备选方案,这样避免到时候因为某些预期的变化导致方案均不能实施。第三步,我们还需要对这些方案进行优化。从这一整个思路来看,逻辑学在这些问题中贯穿着始终,我们能够更好地认识问题。其次,在确定目标中,我们知道在设定一个目标本身必须是一个肯定的、合理性的,就像逻辑中的命题一样。此外,在确定目标中如何运用一定的逻辑方法进行分析,把抽象与具体相结合也是我们讨论的内容。然后,我们在制订方案中可以使用类比法和归纳法帮助我们更好的对各种条件进行分析、考察,这样就可以有效的减少由于缺乏考察、分析不足。造成制定决策的不合理。此外,我们还需要对我们制订的方案进行优化,同样可以使用逻辑学中的逻辑论证对我们制订的方案进行论证,选出最优方案。最后,经过这一系列的处理得出的决策,在实施过程中依旧可以运用逻辑知识帮助我们解决在决策实施过程中出现的新问题、找出决策中的错误。

我们可以运用逻辑学中的回溯分析,我们知道决策在实施过程中需要注意以下两个方面的内容:一方面,决策思维中思维的应用。当我们在制订某一个方案的时候,我们可以多选几个方案作为备选方案,这就类似于逻辑学中选言命题。我们在制订方案的时候,通过对几个备选方案进行评估,可以运用逻辑学中的逻辑证明和逻辑反驳,通过这样的方案得出的结论比较合理;另一方面,因为是团队模式,如何正确处理团队成员和团队管理者之间的问题,也是我们要深思的。当团队领导者与团队成员之间的联系不一致时候。就不能达到我们需要的效果,这会浪费大量的时间。因此,协调性在团队模式中非常重要。领导和成员之间如果存在着矛盾,我们可以充分利用“矛盾律”来分析问题。软件用户和软件开发者之间也可以运用“同一律”,这样就会使得双方有一个确定性的决策目标概念。辩证逻辑中一系列的逻辑方法,此时也可以运用到决策中。因为,科学决策的必要条件就是能够正确的使用这些逻辑方法。这些方法包括:从抽象到具体、类比法、归纳法、分析与综合等。

科学决策对这些模式都有重要的意义。作为一个团队,我们知道整个团队是一个整体,彼此之间相互关联,同事之间也没有严格的等级限制。当开发某个软件或程序的时候,成功和失败都是这个团队所有成员一起承担。这个时候,作为团队成员,我们要把团队利益放在首位,个人利益放在次要位置上。这样才能对真个团队具有很好的促进作用。但是,我们知道作为一个团队而言,这种绝对的民主是不可能实现的,因为这要求整个团队成员均具备无私奉献的精神。在这种情况之下,就出现了后来的首领团队模式,其中最典型的就是6个人为一个团队,首领则作为团队的核心,整个团队的进度、质量、考核以及对外交流,均由首领去负责。但是,我们知道对于一个公司而言,人员的调动经常发生。因而,当一个团队首领因为某种原因离职的时候,就需要有人能够接替首领遗留下的任务,此时后备程序员就能够接替这项工作。在这个团队模式中,后备程序员相当于第二负责人。由此可见,在一个团队模式中,对于首领程序员的要求是很高的,这就要求作为首领程序员不仅需要具有优秀的开发技术,还需要具有良好的沟通能力。这个时候作为程序的秘书也需要具有出色的文字整理和写作能力,并且能够积极配合首席程序员。以上,可以看出民主团队模式不适用与规模很大的团队,如果是小型的团队的话,民主团队模式还是适用的。如果人数比较多的情况,民主团队模式很显然不适用。对于大型的开发项目,需要明确的划分,这样首领程序员不用去一一交代,成员之间的沟通问题由某个部门去沟通,我们可以把成员之间的划分明确,这也是长期发展的需要。这不仅提高了效率,也使得这个开发项目的分工更合理明确。随着后期的发展,考虑到长期稳定发展需要,就会设立独立的小组(或部门)比如行政、财务、质量和技术,随着后期的工作的不断细化,不断划分。可能后期还会出现培训、技术服务等辅导下的机构。一个合理的决策对整个团队起着重要的作用,这是决定团队效率的关键要素之一。以上两种模式来看,决策对首领模式有着重要的影响,对民主模式有着决定性的影响。决策是否合理对整个团队开发有着重要的作用。同时有效的组织也很重要,因为一个有效组织会有效的调动成员的积极性、提高工作效率。还有一些人为因素也是我们需要考虑的,比如说,成员的积极性和工作效率等,如果一个团队缺少公平机制和组织结构则会严重影响团队成员的积极性,最坏的结果是造成工作的失败。因为运用逻辑学中一些方法提高决策的科学性,这对于充分发挥和调动成员积极性非常重要。

二、在软件开发团队中逻辑方法的应用

(一)抽象上升到具体的应用

所谓从抽象上升到具体的方法,就是从对象中抽取出来的各种抽象的规定加以综合以再现对象整体的一种逻辑方法。我们经常说要透过现象看本质,制定决策也一样,我们需要分清问题的主次,这样才能让我们更好的认识问题,如果我们一开始不分清问题的主次,就只能看到问题的表象,不能从深层次的把握问题,我们透过现象看本质,这样才能把握问题的方向。因为,表面现象是没有任何意义的。下面以软件工程中的图书馆事例为例:软件开发中,对这样一个系统而言,最主要的是实现图书资料的借出、归还、查询和管理。如果我们跳过这个,直接先去实现这个图书管理系统的管理功能,最终得出的结果很可能就不是我们需要的,做了大量无用功。我们应该逐步分析,解决问题。因而,这也提醒我们在认识问题时候要经过深刻思考才行,此外,我们还应注意到这些问题本身的特点,即借出、归还、查询和管理实现这几个问题本身具备什么特点,我们需要对它的多样性有充分的认识,我们在解决这些问题时也需要用多样性,这些问题产生是多样性过程,同时解决这些问题的过程也是,这就是我们逻辑中的抽象到具体的一个应用。

(二)分析和综合的应用

当我们对一个问题分析过后,还需要对它进行综合应用。对一个问题的分析其主要目的也是为了综合应用。分析和综合这两者缺一不可,它们是相辅相成的。当软件工程师在进行软件开发程序设计的时候,需要把分析与综合结合运用起来。对于一款软件,在初始阶段,软件工程师会对客户的需求有一个综合的认识,在这个综合认识的基础上,再对它进行分析,分析完了之后再次综合起来。如果对于一个比较复杂的需求,我们还需要由综合到分析再由分析到综合这样一个如此反复多次进行的过程。下面将以软件生命周期模型为例,我们首先从问题的确认和范围来看。比如:我们经常能在学校附近看到一些

小商店,对一个小商店而言,有时候只有一个老板就可以了,因为规模比较小,他自己一个人就能完成进货、销售、记账。如果这个小商店开在客流量比较大、学生集中的区域,老板肯定需要使其商店商品种类丰富起来,这样一个人来管理这样一个小店显然是不够的,这时候就需要有收银机,有至少一个营业员,其中的收银机就会对销售的货物价格进行统计和计算,并且需要每日盘点商品的库存。如果这个老板经营的比较成功,他可能会把他的小商店发展成一个小型的超市,这时候,采购、销售等工作就需要有专门的人员,同时服务人员也由原来的1个增加到2个、4个、8个等,产品种类也由原来几百种发展成几千种甚至上万种,这个时候仅仅一台收银机显然是不够的,这时候就需要有几台以上的收银机,这时候每个员工之间的工作绩效都需要计算机软件来处理了。而作为商店或者超市的老板该怎么定位自己的需求呢?

通过上述案例,我们知道随着后期发展,商店老板在一开始需要的仅仅是一台收银机、一个销售人员。但是随着后续发展,很显然前面的条件不能满足这个商店的需求,这就需要我们在软件开发初期,对用户的需求进行综合考虑,然后再分析,分析过后再综合。此外这种情况随着后续的发展,在进行程序设计的时候,要考虑到多样化,比如支付手段的多样化,货到付款、在线支付等,销售渠道的多样化,电话销售、网络销售、电视销售等,这时程序设计者要考虑的综合因素就更多了。同时,由于这个整体是一个庞大的关系网,在供应商、物流配送、银行等方面的因素有时候也要整体考虑。如果设计这样一款软件的时候,就需要跨数据库、多平台、网络化,只能不断的综合到分析再综合循环的过程。

(三)归纳和演绎的运用

归纳和演绎,正如分析和综合一样,两者是必然相互联系着的。不应当牺牲一个而把另一个捧到天上去,应当把每一个都用到该用的地方,而要做到这一点,就要注意它们的相互联系、它们的相互补充。

认识问题需要搜集、分析研究大量数据和资料信息。归纳是从个别事实概括出一般性结论的思维方法。在认识过程中,人们经过调查、观察,在搜集材料的基础上,进行分析研究,从中概括出一般性的原理、原则,这个思维的逻辑过程就是归纳的过程。

分析和综合这两者是相辅相成的,交叉使用的。同样的归纳和演绎也是如此,演绎是一般性的结论得出个别性的结论,而归纳则与它相反,是通过一些个别性的结论得出一般性的结果。试对比这两种推理,在演绎推理中不会产生新的结果或情况,而归纳推理会产生新的情况和结果。下面我将举个例子来说明这种情况:某医药企业决定设计一款新型的医用管理软件,这款软件主要是针对老年病人,能够智能查询到各类药品的价格、功效、用量等功能,这款软件因为具有专门针对性,所以准备在未来5年内投放到市场。我们知道任何一个新的产品在设计之初都要进行估算得知它成功的可能性,才投入研究。然后,该企业请来15位专家,其中5个专家认为不可行,因为老年人对新的电子产品的热爱显然不如年轻人,而且老年人对这方面的操作也有很多问题,所以不值得研制;另外10位专家觉得可行,现在老年人心态越来越年轻化,很多老年人还是愿意尝试新事物的,并且老年人的儿女往往比年轻人更关注于医药方面的问题。最终,我们通过归纳法去一一归纳,假定得出的这款软件能成功的概率为58%,也就是说此款软件能成功的可能性很大。从而我们由专家的结果归纳得出一般性的结论,最后是否生产这款软件,决定权在管理者手里，管理者可以通过演绎法进一步思考。可以假定为正确的一般性事件中演绎出具有必然性的结果。在此基础上对更多的情况进行预测或者说明，如果假定的一般性结论是正确的，那么就可以演绎出一个必然性结论：如果此款软件在操作上加以改变，那么获得成功的概率会增大，这一结论是从上述前提一般性中必然能够演绎出来的。关于如何检验这个演绎结果的正确性，团队的管理者可以通过到市场上考察产品的销售地点以及客户的满意度，如果通过在操作上的改变，使得此款软件吸引客户并且销售地点对此产品给出好评，那么，管理者就可以对此款软件投入生产如果在调查的过程中，有一些销售地点和客户反应良好，有一些不符合，那么，我们可以把这些不符合的另外单独列出来，再进行从演绎到归纳再到演绎的循环过程，得出新的结果。通过这个案例，我们也可以看出，归纳与演绎对一款新型的软件在投入生产前，在市场上是否会取得成功的研究是有必要的。

（四）在软件开发团队中归纳逻辑的应用

我们对于软件的设计，要想一开始得出确定性的结论，这是不可能的，因此我们此时可以运用归纳逻辑的知识来进行归纳。最典型的归纳逻辑包括古典归纳逻辑和现代归纳逻辑。培根是古典归纳逻辑的创始人，在此基础上穆勒发展了归纳逻辑。其中完全归纳推理和不完全归纳推理是归纳逻辑的主要研究内容之一。在不完全归纳推理中其中包括简单的枚举归纳和科学归纳、求因五法等。现代归纳逻辑的主要代表人物有耶方斯、德·摩根、文恩等，对于它的研究始于19世纪中叶。它在很多领域都有应用，比如：认识论、科学方法论、统计学、法学、人工智能等，通过概率论的定量分析和公式化、形式化的手段、探索有限经验事实对一定范围内的普遍原理的证据支持。因而，就其发展前景而言，还是非常广阔。我们首先从软件开发初始阶段：可行性分析来看，对于可行性分析，一般主要有以下几个内容：技术可行性、经济可行性、社会因素的考虑。本节主要从社会因素的角度出发。在进行归纳推理的初期，我们根据收集和整理经验材料的方法，首先需要对考察对象进行观察，在进行观察的时候，必须考虑以下几个因素：客观性，我们观察对象必须是客观的，不能加入个人主观因素；全面性，我们考虑的研究对象必须从多个角度出发，不能片面的看一个问题或因素，必须把各个因素都考虑在内；尽可能多地使用科学仪器，我们研究一个问题的时候，需要得到具体的数据，因而需要使用一些设备，比如计算机、探测仪器等，这样能提高可靠性。其次，我们需要实验。通过实验，我们能够得出我们所研究对象是否具有可行性，而且实验使一些研究对象单纯化、纯粹化，避免一些不必要的干扰。比如：通过实验我们能知道所开发的系统是否能够达到所要求的功能和性能，系统对技术人员的要求，所有技术人员能否胜任，各项软、硬件是否合格。但是，并不是所有的数据都可以通过实验得出，比如：用户的满意度，就不能通过实验得出。那我们怎么获知呢？接下来，我们可以运用调查的方法，抽样选取一部分用户做问卷调查，然后对这些数据进行观察，再通过一些计算得出结果。由此可见观察、实验、调查是互相关联，彼此相关。下面我们具体分析一下如何更好的调查。首先是要做前期准备，即准备阶段。在前期要对所调查的东西有个比较好的认识，当准备充分了以后，我们在进入到实施阶段，在这个阶段我们可以通过查阅相关的文献或者资料进行分析和观察，最后是总结阶段，在这个阶段，我们就可以对以上的结果做一个概括性的总结。

在可行性分析中，对经济可行性的分析可以运用调查的方法。经济可行性主要内容是:成本分析中两个方面收益与短期效益和长远利益,要做出投资的估算和系统投入运行后可能获得的经济效益或可节约费用的估算。在准备阶段就需要对我们预期估算做个市场调查,可以向相关人员咨询等。可以拿出与此系统类似的以前数据分析,对办公室成本、人员成本、资源成本、其他成本做个大致估算。在收益分析中,可以用货币的时间价值称为现折,纯收入—总收入折现—总成本折现,这两个方面计算都可以用以往数据进行分析代入。在实施阶段,可以充分运用收集到的资料对其进行分析,最后在总结阶段,可以对经济的可行性给出一个大致的估算。在收集完经验材料后,我们还需要进行整理。例如:在编程过程中,会产生许多错误,因而我们就需要对软件进行测试。在软件测试中有一种基于错误的测试。基于错误的测试(Error - Based - Testing)是寻找和证明某个错误已经出现在程序过程中了,对于可行性分析好了后,团队就要开始制订软件开发方案了,在制订开发方案,我们可以适当引入逻辑学中的类比推理。

这个推理通过两个或者两个以上的对象在一系列属性上相同或相似,然后通过推理得出在其他属性方面也有相同或相似的方法。因此,有些逻辑学家会把类比推理与想象联系结合起来。适当的类比能够给研究者产生合理的联想。如果我们从认识论的角度来看,我们通过类比和想象然后再根据前面我们所用到的方法,把这些做分析、比较、选择和综合,这样一个完整的思维过程得出的结论也具有可靠性。例如:在 C 语言面向对象的需求分析(面向对象的概念)中,圆具有半径和圆心等属性,它是一个抽象类,可用 Circle 类来定义,有许多不同半径和不同圆心的具体的圆,它们是类的一个个实例,Circle 类中定义的代表圆心坐标、半径、颜色等的数据成员,就是圆类所具有的属性,当实例一个具体的圆后,其属性也必然存在,还可能增加一些特殊的属性,而具体有哪些特殊属性,我们可以通过类比推理进行推导。

一个软件开发出来,在运行的过程中肯定会遇到一系列的问题,这时候,我们就可以利用逻辑学中的溯因推理,溯因推理是从结果出发,运用一般规律性知识,推测出事件发生的原因的推理方法。例如:假设我们打开计算机的时候,出现了黑屏,此时显示器和机器都没有响应。如果供电不正常或者电脑电源指示灯不亮或关闭电源检测各种电源线连接没有正确、没有接牢或者检查每个插座没有全部开启或者电脑设备上其他多通道开关没有打开又或者电源保险丝烧断了,那么出现了黑屏。此时,我们就能按照这些步骤逐步排除,并非供电不正常,并非电脑电源指示灯不亮,并非关闭电源线检测各种电源连接没有正确……等,最终,我们得出电源保险丝烧断了。

我们依旧用团队模式中的分析:其中从民主模式来看,在设计一款软件的时候,每个人在开始之初对于软件的设计都会有自己的想法或者说是设计思路。那么如何在这个团队中找到最理想的设计方案呢? 选择最优方案,我们可以运用逻辑论证的方法对这些方案进行逻辑论证,从而得出最优方案。当然对于论证而言,就算最后通过论证得出最优方案,作为团队成员也能对这个最优方案提出否定或者说成反驳。以下,将介绍逻辑学证明与反驳在最优方案中的运用。首先我们从证明的三要素来看,一个合格的证明需要具备论题、论据和证明方式。

当软件团队需要设计一款软件的时候,每个成员对这款软件都会提出自己的看法,这个时候根据自己的总结就会得出相应的论题,我们在逻辑学中把它称为证明的"纲",那么每个小组成员如何确定自己所提出的论题是正确的、可行性、最好的，这时候就需要“论据”，当然用来支持这些“论题”的“论据”必须具有可靠性，因而有效证明的前提和先决条件就是真实性、关联性和独立性。所以团队中的每个成员在对自己的论题进行论证的时候都需要围绕这三个方面进行，要时刻把握好自己的论题和论据之间的关联性和独立性，当然真实性是其中最为重要的一点，如果提出的论题与所用来支持的论据都不真实，那么这个论题是不成立的。当论题和论据确定以后，下面就是论证方式了。我们按照形式把论证方式分为以下两种：演绎证明和归纳证明，其中关于证明也有两种：直接证明和间接证明。

目前现代逻辑中对软件工程研究领域中的人工智能与识别的深入研究比较多，同时还可以利用逻辑分析中的合理性，合理地定义整个开发组织中的各种角色、职责和技能要求，合理明确“谁”、在“什么时间”做“什么”“怎么做”和如何评测等内容，不断改进软件团队的生产效率和软件产品质量以此对软件工程中软件领域建模进行深入研究。那么，何为领域建模呢？即我们对现实世界所要解决问题的领域称为“问题域”，如“企业业务”属于“企业的问题域”，同理“软件设计”属于“软件的问题域”，我们通过归纳和分析研究这些问题，这一系列的过程可以称为领域建模。比如：利用数学建模，选择几个经典领域比如说高考阅卷系统、校园卡建设、地铁管理系统、环境评价体系等的一个或几个进行对软件领域建模深入研究并提出研究这一领域的当前最佳模型。

领域建模与需求分析一样，在软件工程中当一个项目开始启动时，它们处于同等重要的位置。领域类和词汇，是由领域建模表示的。用例模型是描述系统功能的只是建立系统最初输入，不是面向对象的，为了更细腻的分析需求，从面向对象的角度，可以建立领域模型。可视化了领域中的单词或领域类，并且为这些单词建立领域类。利用了人脑善于可视化思维，思维的产生源自社会实践活动，我们思维的内容来自客观世界，思维的实质是整理和加工感性认识材料的过程，其中最为重要的是抽象和概括。而在整个加工过程中不断地在实践中形成概念、判断，并运用已有的判断进行推理，进而得出新的判断的过程，由上升性原则，我们必须遵循实践—认识—再实践—再认识的规律，在这种循环往复、不断深入的思考当中得以深化的。思维内容离不开思维的形式即承载思维内容的方式，逻辑学主要研究这三种思维形式：概念、判断、推理。在逻辑学中概念有如下特点：抽象性和概括性，概念在形成过程中需要通过多次抽象和概括：确定性和灵活性，例如：“水”这种物质从物理学角度看是“无色、无味、无臭的透明液体”，而从化学角度看则是“两个氢原子和一个氧原子的化合物”；概念具有主观性和客观性，概念是一种思维模式，无论反映的是什么样的客观事物，都只能存在于人们头脑中，不是客观事物本身，仅是人们对客观事物的认识。跨学科的研究需要不断的进行知识的积累，逻辑学与计算机中的密切相关，在软件工程技术中也有着重要的应用价值。

参考文献

[1] 孔丽云,潘梅勇,农嘉. 计算机软件开发技术视角下网络教学平台的设计及实际应用[J]. 电脑知识与技术,2019,15(13):174-175,181.

[2] 金剑忠. 基于 ASP 网络教学平台的开发与设计[J]. 电脑知识与技术,2019,15(21):75-76,79.

[3] 柯健,胡杨林啸. 高校网络教学信息生态系统评价及优化对策研究[J]. 现代情报,2019,39(7):27-36+43.

[4] 王丽艳,赵明,时志春,等. 精品课程网络教学平台建设探讨——以药剂学课程为例[J]. 化工时刊,2019,33(6):44-45.

[5] 胡春,王颂,吕亮. 高校同步网络混合教学模式学生参与度研究[J]. 北京邮电大学学报(社会科学版),2019,21(3):113-120.

[6] 程泽凯,佘星星,谢宁宇. 网络教学平台学生学习数据分析[J]. 常州工学院学报,2019,32(2):77-80.

[7] 李天倚,刘挚,王娇. 学习理论指导下的翻转课堂教学模式设计[J]. 软件导刊(教育技术),2019,18(1):53-55.

[8] 毛敏,张锦,王坤,等. 基于深度学习路线的物流管理与工程类专业翻转学习实践[J]. 西南师范大学学报(自然科学版),2018,43(12):139-145.

[9] 杨宁. 学习成效金字塔理论视域下翻转课堂教学模式在听说教学中的应用研究[J]. 农村经济与科技,2018,29(6):274-275.

[10] 韦清云. 基于网络教学平台的混合学习模式设计与实现研究[J]. 现代医学与健康研究电子杂志,2018,2(11):189.

[11] 尚秋峰,胡雨婷. 基于微信公众平台的实用型课程辐射教学网络平台设计[J]. 教育现代化,2018,5(27):173-178,188.

[12] 汪海. 基于云计算的网络教学平台设计与实践[J]. 电脑知识与技术,2018,14(8):122-123,127.

[13] 胡国强. 多网络融合的教学实验平台设计与实现[J]. 实验室研究与探索,2016,35(11):174-178.

[14] 聂玉景,马立武. 翻转课堂国外研究现状:理念、视频与影响[J]. 沈阳师范大学学报(社会科学版),2016,40(6):123-127.

[15] 刘小萌,许长新. 翻转的变革——从翻转课堂到翻转学习[J]. 教育观察(上半月),2016,5(11):114-116.

[16] 戴宁,曹辉. 翻转学习:翻转课堂自下而上的"草根式"变革[J]. 内蒙古师范大学学报(教育科学版),2016,29(10):7-13.